言葉を愉しむ

人生の深みが増す言霊の力

齋藤 孝
Saito Takashi

JN203711

河出新書
081

まえがき

言葉を愉しむことは、私たち人間が生きている上での最大の喜びのひとつです。

言葉に触れることで私たちの魂は活性化され、若返ります。

「おとなは、だれも、はじめは子どもだった。（しかし、そのことを忘れずにいるおとなは、いくらもいない）」

サン＝テグジュペリ作『星の王子さま』のそんな一節を読むと、子どもの頃の柔らかい感性を思い出してハッとするでしょう。何にでも素直に反応して、受容できる柔らかい魂を、大人になった私たちは忘れがちかもしれません。

心に届く言葉と出会った時、私たちはハッと気づき、よどみがちな魂が若返って元気になるものです。

それは、言葉というものがそもそも精神という形のないものに形を与えるものだからです。何とも言い表せない心の中の不安や憂いも、言葉に触れることによって正体がわかるようになるのです。

言葉に魂を感じる力。言霊（コトダマ）を感じる力。この力があれば、この世はいろどり豊かになります。

「言葉には魂が宿っている」と思って改めて言葉と出会ってみると、言霊力のある言葉に出会いやすくなります。この感性はいわば「言霊センサー」です。

本やネットや会話を通じて、魂の若返りを感じるような言葉と巡り会うことができれば、本当に幸せなことです。印象的な言葉に触れて、眠っていたＤＮＡのスイッチが入るような感じでしょうか。

いい言葉と恵まれた出会いをするには、言葉に対するいいセンサーを持つことが大切です。いろいろなことに気づいて、ＤＮＡがスイッチオンし続けている人は若々しい感じがするものです。

ぜひこの本で言葉に対する「言霊センサー」を磨いて、毎日、言葉との素晴らしい出会いを愉しんでいただきたいと思います。

目次

第2章 愛すべき言葉の世界に遊ぶ

第3章　魂を震わせる言葉を耳で聴く

第4章　古の人の言葉に希望を見る

第5章　言葉を生きる原動力にする

第1章

人類は言葉で進化する

無差別コミュニケーションの時代に

私たちは皆、言葉とともに生きています。言葉で知り、言葉で考え、言葉で表現します。つまり、言葉が私たちの人格を形作っているという言い方もできます。

今の時代、電車に乗っていても以前のように本を読んでいる人を見かけることが少なくなってきました。本や雑誌に親しむ人も少なくなってきたようです。けれども、文字を読むことが少なくなってきたのかというとそうでもありません。私たちは日々、インターネットを通じて非常に多くの文字に触れています。

確かに言葉とのつき合い方は変わってきました。現在の私たちは、大量の通信をして、大量の言葉に接しています。ＳＮＳやメールでも大量の言葉を受け止め、発信しています。以前に比べて読書量は減り、手紙をしたためることは少なくなっても、言葉とつき合う時間、量そのものは格段に増えているのです。

以前は、自分のまわりに五人十人の人がいて、その人たちとコミュニケーションすることで一日が終わるのも普通だったとすれば、現在はその桁が違うことになります。

たとえ、一日中家から一歩も出なかったとしても、です。

連絡先にしても、百人以上の電話番号、メールアドレスが入っているのは当たり前の状態です。以前は、記憶している電話番号が五件か十件程度だったのではないでしょうか。常時連絡を取り合う相手も増えています。言葉が大量に入ってきて、自分からも出てゆく。そんな状況の中で言葉の海を泳いでいるような状態です。ＡＩも登場して、ＡＩと対話のようなやりとりをする状況も生まれました。

いよいよ、大量コミュニケーションの時代に入ったということでしょう。ある意味、無差別コミュニケーションの時代でもあります。

文明は文字によって発展した

長い歴史の中でも、話し言葉はかなり古くからあったとされます。それに対して、書き言葉が生まれたのは四千年ほど前。エジプトのヒエログリフ、中国の甲骨文字、メソポタミアの楔形《くさびがた》文字が発祥と言われます。世界最古の物語である『ギルガメシュ叙事詩』や『ハンムラビ法典』は、楔形文字で残されています。

書き言葉と文明は、ほぼイコールの関係にあったといえます。言葉自体はその遥か前からやりとりされていましたが、文字が出てきて以来、急速に文明が発展したのです。何々文明と言われるものは皆文字とセットで発展しています。ですから、話し言葉と書き言葉は少し質が違うということになるのです。

文字は不思議な力を持っているとされていました。それは、呪術的な力です。王の行ったことを記録する重要な記念碑のようなものに使われたり、あるいは占いに用いられたり、あるいは占いから文字が生まれたりもしました。文字が持つ不思議な力が、人を魅了してきたのです。

現在、多くの言語で使われているアルファベットはAやBなどの文字自体に意味を持つわけではなく、組み合わせによって意味が生まれるものです。それに対して、私たちも使っている漢字は表意文字であり、文字そのものが固有の意味を持っています。一文字で意味までも表すことのできる漢字は、優れた特徴を持つ文字であるともいえるのです。

漢字は一字で意味を持つ優れた文字

よく、西洋の方が漢字に興味を持って、自分の名前を漢字で表したいとおっしゃいますが、それも漢字の面白さあってのことでしょう。漢字を使えるということは、私たち日本語を使う者にとっては非常に有利なことなのです。

私の本は韓国語にも訳されているので、出来上がった韓国の本を送っていただくことも多いのですが、ほぼすべてハングルです。かつては同じ漢字文化圏に属していた韓国があまり漢字を使わなくなってしまったことは少し残念に思います。

もちろん、ハングルは非常に優れたものなので機能的には問題ないのでしょうが、漢字であれば見ただけでわかり合えるし、本の内容も伝わりやすかったのではないかという気がします。

現在の日本語には、ひらがながあり、カタカナがあり、漢字があります。それぞれの文字の特性を活かして使い分けることによって、とても奥深い愉しみができます。それを含めて、トータルに自分の人生の中で文字、そして言葉を愉しむという観点で生きてみるのは素晴らしいことではないかと思います。

「知者は惑わず、仁者は憂えず、勇者は懼《おそ》れず」という言葉が、四書のひとつである『論語』にあります。知、仁、勇という三徳は人間として大事な徳です。知のあるものは迷いがなく、誠実なものは憂いがなく、勇気のあるものは行動力があって懼れがないという深みのある言葉です。

日本では長らくこの「知（智）仁勇」が大切にされてきて、日本人の精神の礎《いしずえ》とも言えます。とすると、漢字が私たちの思考を支えているということでもあります。

もとは大和言葉を使っていたところへ、漢字を輸入し、概念もともに輸入しました。漢字を手に入れたことで、思考が広がり、深まりました。

「知」という一文字は、抽象的な意味を皆に共有させる力を持っています。漢字一文字が、思考を明確にしてくれます。漢字を目にした時に、頭の中で思考が動くのです。輸入された漢字はもともと使われていた大和言葉と不思議な交わり方をして、脳を刺激し、思考の精度が高くなったのでしょう。

遥か古の偉人ともコミュニケーション

友だちがいるのはとても素晴らしいことです。では、友だちとともに何をするのかというと、多くの場合、話をするわけです。遊ぶにしても食事をするにしても何かを見に行くにしても、そこに会話があるから一緒にいることに意味が生まれるのです。そこに言葉があるから、友情は深まり、時間が充実したものになります。

ひとりで寂しいと思った時には、読書を趣味にする人は多少なりともその寂しさを和らげる手段を知っていることになります。なぜなら、読書は言葉を通じて先人の人格に触れることでもあるからです。

私たちは読書を通して、過去の優れた人たちとも触れ合うことができます。たとえば、ブッダやイエス・キリストなどの宗教家、孔子やソクラテス、プラトン、アリストテレスなどの哲学者の言葉は、二千五百年ほど昔のものであるにもかかわらず残されていて、今でも本で読むことができます。しかも、おおよその意味が通じるのです。

コミュニケーションは意味と感情を伝えるものと私は考えています。遠く離れた時代の人同士で、感情を伝え合う身体的コミュニケーションは不可能であったとしても、言葉によって意味を通じ合うことはできるのです。その言葉が楔形文字や甲骨文字で書かれていても、意味は時空を超えてちゃんと今の私たちに届くのです。それが言葉の面白さです。

エジプトで発見されたロゼッタ・ストーンがジャン゠フランソワ・シャンポリオンによって解読されて以来、ヒエログリフで書かれたものも次々と読むことができるようになりました。一見、何かわからないような記号に見えるものでも、ひとたび解明されればちゃんと意味がわかるのが言葉の不思議さです。

どんなに違う言葉を使っていても、まだ解読できていない文字があったとしても、言葉を使っている以上、必ず意味は通じるものです。『ソクラテスの弁明』なども、もとはギリシャ語ですが、誰が訳してもおよそ同じ内容になります。

ソポクレスの戯曲『オイディプス王』は、フロイトが提唱したエディプスコンプレックスのおおもとになった話としても有名です。

ある街で疫病が流行り、その原因を追及したところ、現王オイディプスがかつて父を殺し、産みの母親との間に子を成したことにあるのではないかということが明らかになってゆく物語です。ソポクレスは古代ギリシャ三大悲劇詩人のひとりであり、この戯曲はある意味ギリシャ悲劇の極致的作品です。当時も、大いなる感動を呼んだことでしょう。

その感動が、今、この時代であっても世界中で共有できるのです。そして、フロイトが名付けたエディプスコンプレックスという概念それ自体も、また世界中に広まってゆきました。

今、私たちが使っている言葉とはかけ離れた古代ギリシャ語で書かれていた物語が時を超えて伝わり、当時の人々と感動を共有できるというのはすごいことだと思います。死して朽ちず、ということでしょうか。

言葉によって人の思いが継承される

『言志四録』（講談社学術文庫）は、人生訓などを江戸末期の儒学者、佐藤一斎がまとめたもので、西郷隆盛をはじめ、幕末から明治の人たちに大きな影響を与えてきた書物です。

そこには、「少《しょう》にして学べば即《すなわ》ち壮にして為すこと有り、壮にして学べば即ち老いて衰えず、老いて学べば即ち死して朽ちず」、つまり若い時に勉強すれば壮年になって為すことがあり、壮年に勉強すると老いても衰えることがなく、老年に勉強すると死して朽ちることがないと書かれています。

死して朽ちずというのはどういうことかと考えると、魂が残るという考えもできますし、子孫に伝えるという考えもできるでしょう。けれども、「言葉」が残るという意味でもあるのかなと考えます。

偉人が死ぬ間際に言った言葉、辞世の句には、広く語り継がれているものが多くあります。葛飾北斎の辞世の句は、「人魂《ひとだま》で行く気《き》散《さん》じや夏野原」というものでした。

気散じとは、気晴らしのことです。生きている間に気晴らしに行っていた夏の野原に、この先は人魂となって自由に飛んでいこうという、軽妙でおおらかな句です。

十返舎一九《じっぺんしゃいっく》は「この世をば　どりゃ　おいとまに　せん香の　煙とともに　灰さよ

うなら」という辞世の歌を残しています。「おいとまにせん」と「線香」をかけて、「灰になって、ハイさようなら」という意味を持たせる、彼らしい軽妙洒脱な歌です。このような辞世の句や歌を残す習慣があったのですが、そうなると、死んでも朽ちないという感じがします。

吉田松陰は安政の大獄で刑死するのですが、首を切る役人に、「ご苦労様」と言って端座したと言われています。その時に「身はたとい　武蔵の野辺に朽ちぬとも　留め置かまし大和魂」という辞世の歌を残しています。この身はこの武蔵野の地に朽ちてゆくけれども魂は残しておくよという意味です。まさにその言葉には全身全霊が込もっていて、人を動かす言霊力を持っていました。彼の「留魂録《りゅうこんろく》」という遺書のような手紙が高杉晋作たち浪士に渡って、日本は大きく動くことになるのです。

言葉というのは、文字として残ることで、人の命を超えて残っていくものです。イエス・キリストやブッダ、孔子、ソクラテスは自分で本を書いたわけではありません。けれども彼らの言葉があまりにも素晴らしかったため、このままにしておくわけにはいかないと考えた弟子たちがそれぞれに大切な言葉をまとめ、後世に伝えました。それが聖書であり、仏典であり、『論語』であり、『ソクラテスの弁明』です。

優れた弟子たちが必死に思い出して、皆で集めて作ったものです。聖書などは、さまざまな人がそれぞれの視点で書いたものが集められていますので、似たようなエピソードもあります。書いた人によって若干解釈が違ったりするのですが、複数の視点で描かれることでより人物像に深みが出るのです。

そうして残った言葉が、その後を生きる人の魂に影響を与えて、精神というものを形作ってきたのです。これが「言霊力」です。

言葉が精神文化を作る

私は言葉こそが、精神を形作るものであると思います。また、精神という無形のものに形を与えて伝えていくのが、言葉です。

人間というのは、何が本体なのでしょうか。多くの人は、人間は心でできていると思うのではないかと思います。それも間違いではないのでしょうが、心というのはちょっと捉え方が大雑把すぎます。

もう少し深く見ると、人間というのは基本的に文化でできているのではないかと思うのです。

身体性は動物としての存在であり、犬や猫が生きているように人間も生きているのですが、動物と異なり、人間の生活における大事な点は文化性にあります。

まず、身体文化です。たとえば訓練を受けた武士の歩き方は、今の時代の歩き方とは異なります。身体文化として歩き方が共有され、訓練されてきたのです。

あるいはかつての日本人は皆、当たり前に正座をしていました。それも身体文化のひとつです。今はあまり正座をする機会も少なくなってしまいましたが、それが文化である証拠に、皆がしなくなってくると、しないのが当たり前のようになってくることです。

場所によっても違いがあって、韓国では正座というのは囚人がするものと言われたりしますが、日本では相手に対する敬意を示すものでもありました。皆が正座をし慣れていた世代は、多くの人は長く座っていて大丈夫なものでした。そういう習慣です。

習慣の束が人間であるという考えで言うと、その文化ごと、国ごとに身体文化というのがあるということなのです。お辞儀をする、手を合わせるというのも日本的な、東洋的な習慣です。

長友佑都選手はじめサッカーの選手が、ゴールを決めた時にお辞儀パフォーマンスのようなものをしたり、大谷翔平選手がバッターボックスで相手側の監督や審判に挨拶したり、もちろん高校野球の球児たちが審判にお辞儀をするのも、日本的な習慣に基づいています。

そういうものも文化、身体文化であって、気がつかないうちに非常に多くのものを身につけ、実践しているのです。

あまりにも多くて、まるで呼吸のように当たり前になっているのです。その呼吸さえかつては文化として、呼吸法という形で伝えられていました。呼吸という当たり前のものも、ある種の文化として継承されてきたのです。

古代には、身体文化を基盤として道具が開発されてきました。たとえば狩りのために鏃《やじり》が作られ、獣を獲る文化が発展し、さらに手法が発展してきたのです。

そうした身体文化と並行的に、言葉によって精神文化が発達しました。乱暴なものの言い方、相手を悪くいう言い方を避けていこうとか、礼儀正しい言い方とはどんなものかとか、社会を作る時、維持する時には言葉が欠かせないものでした。孔子はそれを「礼」と言いました。礼というのは儀式のことです。

儀式は言葉の作法と身体の作法でできているものですが、それが社会秩序を形作ってきたのです。人間として、これは共有しておきたいということがあった時、それが言葉として共有されます。

私たちは、この世界を言葉によって分節化して捉えています。日本語を母語とする人は、日本語を通して世界を見ます。言葉による分節化より底層には身体による分け方があります。

たとえば食べ物です。生活の中で、これは食べられる、これは食べられないという分節をすることは必須ですが、それは「身分け《みわ》」と言って体で分けていくものでした。

この「身分け」という概念は哲学者の市川浩さんが提示したもので、それに哲学者の丸山圭三郎さんが「言分け《ことわ》」という言葉でさらに広げました。

丸山さんはソシュールの言語学の専門家です。大学時代、丸山さんの授業に出席させてもらったことがあります。とても柔らかな人格でソシュールについて詳しく教えてくださったのを覚えています。丸山さんの言葉遣いでいえば、「身分け」と「言分け」があるということになります。

この世の中のものは、まず身体レベルで分けられます。食べられるものと食べられないものは、「身分け」で分けられます。動物たちも身体レベルで周囲のものを分類しています。それは、ごく小さな生物、タニシとかミジンコのようなものも、それぞれ身分けして暮らしているのでしょう。

言分けといって言葉によって分けていくものは、それとはまた違うものです。身分けしたものを、言葉によって共有する。言葉で世界を分けて、分節化して捉えているというのが人間ならではの文化です。

狼が犬と呼ばれるようになるまで

ソシュールは、言語は差異の体系であると提唱しました。差異の体系というのは、簡単にいえば違いの体系という意味です。

一般的には、単語ごとに意味があると考えがちですが、ソシュールは、単語と単語の違い（差異）が、意味を生み出すと考えました。

狼と犬というのは、生物学上では同じ「イヌ科」に分類されていますが、いろいろな違いがあります。狼が人間のそばに来て、おとなしくして、人間から何かもらおうとして座っていると、人間の方もその様子を見てかわいいなと思うようになります。そこで食べ物をやると、それを覚えてまた人間のそばに来て座るようになります。これを繰り返すうちに、だんだん狼が馴れてきて、人間と一緒に生活をするようになるわけです。これが、およそ一万年前と言われています。

ノーベル賞を受賞したオーストリアの動物行動学者、コンラート・ローレンツが『人イヌにあう』という本を書いています。これは、一万年くらい前に犬が人に会った話、というよりはむしろ人が犬に会った話です。「イヌのおかげでヒトは人間になった」という言葉にあるとおり、犬に会ったことで人間というものに変わっていったという話なのです。

当時の人間は、現在とは違って食料が不足気味でした。自分たちの食料も満足ではなかった中で、他の人間に分けるのでもなく、野生の狼のような犬にあげるとなると、はじめは抵抗があったのではないかと思います。けれども、犬のあのまっすぐな瞳でじっと見つめられると、もうこちらが罪悪感に苛まれてしまうというのが、今の犬を見ていてもわかる気がします。

私も犬を飼っていますが、自分たちが美味しいものを食べているのをじーっと見つめられると、なんだか切なくなって、こちらが悪いことをしているような気分になるものです。

写真家として世界中を旅しながら優れた紀行文を書いている藤原新也さんも、インド放浪の際の犬の切なそうな表情について書かれていて印象的でした。

犬が切なそうな雰囲気になると、人間の心が揺さぶられます。身体レベルでのコミユニケーションがそこで起こって、人の心が育つことになります。

そしてもし仮に野生の狼のようなものがいたとしてそれを狼と呼んでいたとするなら、家族みたいに自分たちの領域に入ってきたものを狼と呼び続けるのは変だろう、これは区別した方がいいのではないかとなるのです。

あの野生で危ない獣と、人間と心を通わせる存在とは違う。それなら、あちらは狼でこちらは犬と呼ぼう、というようにどこかで分かれたのではないかと思います。

そして、犬の中でも愛玩犬とか狩猟犬というように、これとこれは違うというように分けて言葉を変えて呼ぶようになるのです。

スパゲッティからパスタへ

同じ「果物」という言葉で表されるものでも、これとこれは違うというようにそれぞれに呼び名がつきます。柑橘類にしても、それぞれに特徴を持つ品種が増えるにつれて、甘夏、ポンカン、文旦、ネーブルなどのように、多種多様な品種名をつけて区別するようになってきました。

現在は、生産地ごとの名称もあり、百以上の分類がされています。

今はパスタと呼んでいるものも、かつて私が十代の頃はまとめて「スパゲッティ」と呼んでいたものです。飲食店で注文する際にも、メニューに書かれているのはただ「スパゲッティ」だったりしたものです。

もともとイタリアでは直径二ミリくらいのロングパスタをスパゲッティと呼び、太さによってスパゲッティーニ、フェデリーニなどと区別していたものです。それが日本に入ってきた時に、まずすべてがスパゲッティで定着しました。そして、日本でスパゲッティが根づくにつれて、いろいろな種類のものが登場するようになってきたのです。

かつてはソースの種類も少なくて、あってもナポリタンかミートソースくらいなものでした。そのうちに、ペスカトーレやカルボナーラなど本場イタリアの種類が知られるようになってきて、やがてたらこや明太子などを加えた日本独自のものも生まれます。

ここまでくると、もはや昔のようにただ「スパゲッティ」と注文する人はいないでしょう。このように言葉の種類が増えて、分節化、細分化されてきた時に、「文化として豊か」だと言えるようになるのです。一種類しかない、二種類しかないと、文化的には豊かとはならないのです。

「出世魚《うお》」という言葉があります。成長に伴って名称が変わる魚のことです。ブリは、関東では、「ワカシ→イナダ→ワラサ→ブリ」と変わります。この言葉の豊かさは、日本の魚文化の豊かさを示しています。

『源氏物語』に見る色の表現

色の表現についても同様のことがいえます。

単なる白や赤ではなく、白でも何色もある、赤でも何色もあるという語彙の多さが文化的に豊かだということになります。

『源氏物語の色辞典』（紫紅社）という本を購入して読んだことがあります。ここでは

『源氏物語』に出てくる色を、染色家の吉岡幸雄さんが当時の染色法そのままに、当時の襲《かさね》の色目を五十四帖に沿って再現しており、全部で三百六十八色の色布が表現されています。

当時はもちろん合成の染料はなく、草木からとったものです。その色も綺麗ですし、その色の名前も美しい。色名そのものが素晴らしい言語表現です。

たとえば、東雲色。

東の雲と書いて「しののめ」と読むというように、大和言葉と漢字の両方で色が表現されることによって、さらに文化として豊かに感じられます。

『源氏物語』に出てくる植物も味わい深いものがあります。京都の神社、城南宮には「源氏物語花の庭」というものがあり、その庭に『源氏物語』に出てくる植物を植えてありました。

お話を聞きますと、ていねいに育てていらっしゃって、それをまとめた冊子もありました。『源氏物語』に出てくるだけでもこれほど植物の名前があるのがわかります。

草、木合わせて百種類以上。撫子《なでしこ》や藤袴《ふじばかま》など、日本語として味わい深いものが多い。

植物にかかわりのある帖名は二十五帖もあります。

雑草というものはないとよく言われますが、どの植物にも必ず何かしらの名前があります。植物に詳しい方は、目にすれば瞬時にそれが何の植物か見分けられるものです。珍しい生花が飾られていても、詳しい方は瞬時にわかる。これは珍しい、これは見事だ、なるほどこの植物の季節になったんだなというように、深い味わい方ができるようになるのは羨ましいほどです。

茶道では、一輪挿しゆえの美しさもあります。

『茶話指月集《さわしげつしゆう》』に、こんなエピソードがあります。ある時豊臣秀吉が千利休の庭に素晴らしい朝顔が咲いているという話を耳にして訪れたところ、庭には全く朝顔がなかったのだそうです。そして、茶席に見事な朝顔が一輪だけ飾ってあった。利休は、その一輪の美しさを際立たせるために、庭に咲いていた他の朝顔をすべて切ってしまったのだそうです。秀吉はそれをたいそう喜んだとのことで、そのような花の愛で方もあるのです。

平安時代の物語集『堤中納言物語』に「虫めづる姫君」という短編があります。今でいうところの虫オタクの姫君の話です。普通の人にとっては、虫は虫、避けるべきものなのですが、彼女にとっては違います。それぞれの虫に特徴を見分け、これはこういう虫と分類することによって、さらに愛が深くなるのでしょう。

虫ならなんでも好きという人でも、好きになればなるほど、それぞれの違いに興味が湧いてくるはずです。他の人が気づかないような違いを楽しむということは、その違いを言葉にして味わうという心でもあり、言葉を愉しむということにもつながるのです。

言葉で微妙な違いを伝え合う

言葉というものはそもそも違いを繊細に表現するものです。もちろん私たちの体でも微妙な差異は感じています。辛《から》いとひと口に言っても、中辛か大辛か、激辛なのかという差があります。

それも、言葉があることによって「これは中辛だね」「これはちょい辛だね」というように他人と感覚を共有できるようになります。ラーメン店などでは、十倍とか爆辛とか地獄級などと書いてあるところがあって、その名付けをまた楽しむことができます。

このようにグレードを名付けることによって、他人と感覚を共有します。微妙な差異を感じた時に言葉にして表現すると、他の人にも微妙な違いの感覚を伝えることができるようになるのです。これが感覚の共有です。

私たちの心は、人と何かを共有する時に盛り上がって喜びが湧き起こるものです。ひとりではどうにも盛り上がりにくい。ひとりでいいものを見た時、何だかもったいない、誰かと語り合いたいと思うことはありませんか。

五七五や季語の決まりに収まらない自由律俳句の代表的俳人として知られる尾崎放哉に「こんなよい月を一人で見て寝る」という句があります。「こんなよい月」という表現からは、誰かと話したいという気持ちが垣間見えます。放哉はまた「咳をしても一人」という句でも有名です。

松尾芭蕉の弟子である向井去来《きょらい》には「岩鼻やここにもひとり月の客」という句があ

ります。

崖のようなところには、もうすでに月を見ている人がいるようです。この句については解釈はいくつかあります。『去来抄《きょらいしょう》』によれば、去来が、「月を見る風流人を見つけた」という趣旨だと言うと、師の芭蕉は、「ここにもひとり月を見る人間がいますよ」と自分から名乗り出るとするのが風流だと言っています。月ひとつ見ても他の人とその情景と感動を共有したいという思いが伝わってきます。

一九五〇年代にヒットした「月がとっても青いから」は、菅原都々子さんが歌っていた曲です。この曲からも、誰かと一緒に月を見ながら歩くのが楽しい気持ちが伝わってきます。

『徒然草』には「明くるまで月見ありく事侍りしに」という月の情景が描かれた箇所があります。

ただ別れるのは惜しいから月を見てからというのは、誰かと気持ちを分かち合うということです。心というのは個人のもののように思いますが、言葉によって分かち合う、通じ合うことで共有されていきます。心の感じ方も文化なのです。

鳴き声を言葉で示せば

日本には、鈴虫やコオロギ、キリギリスなどの虫の音、鳴き声を愉しむという文化があり、古くは枕草子にも登場します。

『逝きし世の面影』（平凡社）という思想史家の渡辺京二さんが書いた本があります。その中では、幕末から明治にかけての日本人の庶民の姿が、外国人からの視点で描かれています。

その中に、大人が子どもたちのためにお金を出して虫を買って愉しむという情景が、日本独自の文化として描かれている箇所があります。虫の音を愉しむという行為は、世界中で行われているわけでもないのです。

虫の音を愛でるというのは、日本人が大切にしてきた文化です。日本で育つと、鈴虫の鳴き声は「リンリン」と聞こえるようになります。実際にリンリンなのかと言われたらわからないけれど、子どもの頃からそう表現されると音がその言葉をなぞるようになります。

日本では鶏はコケコッコー、犬はワンワンと鳴くとされます。アメリカでは鶏はコッカドゥードゥルドゥー、犬はバウワウと鳴くとされます。音を言葉で表現するのは難しいのですが、誰かがそう表現したものがそれぞれの文化で定着して共有された結果、もはやそうとしか聞こえなくなる。これは言葉の魔力みたいなもので、感覚よりも言葉が勝ってしまうのです。何か、呪術的な力にさえ感じられるほどです。

社会の中で共有されて、日本では生まれた時から犬はワンワン、猫はニャーニャーと感覚に入ってしまっています。夏目漱石も『吾輩は猫である』で「何でも薄暗いじめじめした所でニャーニャー泣いていた事だけは記憶している」と書いており、この作品を音読することでさらに猫の「ニャーニャー」は確かなものになり、継承されてゆくのです。

詩人は新しい表現を発明する

詩人は一般の人とは全く違う感性で言語表現を生み出します。風が吹く音は、「ピユーピュー」「サワサワ」「そよそよ」などがすぐ思い浮かびますが、これを「どっどどどうどどどうどどう」と表現したのが宮沢賢治です。

私が総合指導を担当している「にほんごであそぼ」という番組で、この『風の又三郎』の一節を野村萬斎さんに演じてもらいました。それが本当に面白くて、日本中の子どもがこれで「どっどど」を覚えたのではないかと思っています。

この風の表現、「どっどど」というのは風の音ではありますが、不思議な転校生がやってくる前触れの風の音でもあります。「あいつは風の又三郎だ、あいつがくると風が吹く」というような不穏さも含んだ表現です。

不思議なもので、宮沢賢治がそう表すと、風が「どう」と吹くこともあるのかなと思えるようになってきます。賢治はこのような擬音、オノマトペを非常に得意にしていて、それについて考察された本も出ています。

雪を踏んだ時の音も同様に独特です。普通「キュッキュッ」と表現されることが多いと思うのですが、賢治のデビュー作でもある『雪渡り』では「キックキックトントン」と表現されています。キックキックは新しい雪を踏み込む時の音、トントンは足踏みする時の音です。賢治の作品には、このように特徴的な擬音がとても多く登場するのです。

『オツベルと象』では象が暴れながら叫ぶ様子が、「グララアガア、グララアガア」という独特なオノマトペで表されています。

中原中也も「サーカス」という詩で、空中ブランコが揺れている様子を「ゆあーん　ゆよーん　ゆやゆよん」と表現しました。このような表現をする人もなかなかいないでしょう。

詩人というのは、これまでに手垢がついてしまった表現ではない言葉を生み出します。

詩人は、もし、世界で初めて自分がその音に出会ったとしたらどんな表現が合うのかということを、まっさらな気持ちで言葉にします。これまでたくさんの人が使ってきた言葉に支配されず、全く初めての経験として、初めて言葉を当てはめる人間として、言葉をそこに当てはめてみるのが詩人の素晴らしさです。存在しない音さえ作ってしまうようなチャレンジャー精神を垣間見ることができるのです。

現実を美しく彩る詩人の言葉

詩人というのは、世界的には文学者の中でも最も高い位置にあると言われます。松尾芭蕉は日本では「俳人」と認識されていますが、海外では詩人として知られています。

私がかつて監修した『図鑑 世界の文学者』（東京書籍）という翻訳書では、世界の名だたる文学者の中でも、芭蕉は見開きを使って紹介されるほどの優れた詩人です。私たち日本人は芭蕉を詩人と捉えることが少ないのに、世界的に言えば、日本最大の詩人は誰かというと芭蕉ということになるようです。

「閑《しずか》さや岩にしみ入《いる》蟬の声」というあまりにも有名な句についても、私たちはこの句に小さい頃から親しんでいるので、岩に蟬の声がしみ入っていくというのを当たり前のように考えてしまいます。もちろん、科学的にはそんなことは起こり得ないのですが、芭蕉がそう表現するとそれが当たり前のように感じられます。

かつて、バラの詩人と言われるリルケについて、文芸評論家の小林秀雄さんが、

「リルケがあのように歌うまで、バラはあのように咲きはしなかった」という言い方をしていました。優れた文学者はものの見方を発見し、ほかの人に伝えることもできるのです。美しさを感じる感性も文化なのです。

李白も有名な「静夜思《せいやし》」という詩で「牀前月光を看《しょうぜん》る　疑ふらくは是《こ》れ地上の霜かと　頭を挙げて山月を望み　頭《かうべ》を低《た》れて故郷を思ふ」と詠んでいます。

月の光が枕もとにあってそれが霜に見える、そこで顔を上げて山月を見て、頭を垂れて故郷に想いを馳せるという思考の連鎖も、文学によって共有されてゆきます。

日本の和歌では、桜を題材にしたものが大変多い。桜を見ると、私たちは自然と「あとどのくらいこれを見ることができるだろうか」という思いが湧いてくるようになっています。

西行は「願はくは花の下にて春死なむそのきさらぎの望月の頃」と詠みましたが、この感覚自体も文化として流れ込んできます。桜を見てどう感じるか、何かを見てどう感じるかという味わいも、私たちに共有された文化なのです。

お茶好きすぎる静岡人

抹茶の味も日本人が好きなもので、日本人の文化として根づいているものです。私は静岡出身ですが、静岡ではとくにお茶は大事な文化です。抹茶のアイスクリームにしても、№0から№7まで濃さのバリエーションをつけてそれが受け入れられるほどに、抹茶の味わいにはこだわりがあります。№7は、世界一濃い抹茶アイスを追求した結果の産物です。

抹茶をいただくと落ち着くのも茶道の文化があるからでしょう。お茶をペットボトルで飲むのとお茶席で抹茶をいただくのでは、全く違った感覚になるのもその文化あればこそです。

お茶を飲むと落ち着く、ご飯を食べたらそのあとはお茶で一服したいというのも、日本の身体文化の表れでしょう。

お茶文化が発達しているからこそ、お茶にはいろいろな種類があり、呼び名も多く、それぞれを違う存在として認識しているのです。

先日、仕事で静岡のテレビ局に行ったところ、冷たい新茶がポットに入って置かれていました。それがまたとても美味しくて、こだわって淹《い》れたことがわかります。静岡では、新茶の季節は特別な時期で、大変な量の新茶が出回るようになるのです。

東京に住むようになると、新茶の季節だからといってそれほど騒ぐこともないのですが、静岡では「新茶」はいつものお茶とははっきり別物です。

新茶の季節である夏の一ヶ月のお茶の消費金額は、全国ではひとり当たり五百円程度であるのに、静岡市は第二位に圧倒的な差をつけて四千二百円ほどだという話を聞いたことがあります。まさに、異常な消費金額です。

なぜかといえば、新茶が出ると喜んで買っては全国の知り合いに送っているからです。自分たちが飲む量も多いのですが、お茶の文化が発達しているからこそ新茶は特別なものであり、その喜びを共有したいという思いの表れなのです。

繊細な表現を生む津軽の雪文化

新沼謙治さんの「津軽恋女」という曲のサビの部分では、七つの雪の種類が歌われます。これは、太宰治の小説『津軽』の冒頭がもとになっていますが、その小説では、七つの雪の名前を並べた部分に「東奥年鑑より」と出典が記されています。

おおもとの『東奥年鑑』（一九四一年）によれば、津軽の雪には「こな雪　つぶ雪　わた雪　みづ雪　かた雪　ざらめ雪　こほり雪」という種類があるのだそうです。小説ではどのような雪かという説明はないのですが、『東奥年鑑』にはそれぞれの違いが細かく表現されていて、読んでいると雪の地方ならではの風情を感じます。

イヌイットはもっと多くの雪や氷の表現を有しているとも聞きます。逆に、静岡あたりですと基本的に「雪」としか呼びませんでした。というのも、雪は年に一回降るか降らないか、私の記憶では十年に一回くらいしかまともな雪を見たことがありません。

雪遊びをすることがない代わり、私たちの小学校では雪見遠足というのがあって、富士山に行ってソリで遊んだ記憶があります。雪が降るところはあまり見たことはないけれど、静岡には日本が誇る富士山があるので、積もったところなら見に行ける感覚です。

雪が降るか降らないか程度の静岡の人間にとっては雪は雪なのですが、毎年雪が積もる地方では雪を分節化して表現する必要があり、そこには雪の文化があるわけです。ですから言葉の豊かさが文化の豊かさを示すとも言えるのです。

日本刀文化の継承されにくさ

イタリアには長年のパスタ文化があってパスタのメニューが豊富ですが、それが日本に来て梅しそパスタや明太子パスタのように日本独自のものも加わって、パスタ文化は世界に広がって豊かになる一方です。

けれども、それがいつまでも継承されるとは限らないのが問題です。

たとえば刀の文化です。刀に関する言葉、あるいは江戸時代には日本刀を愛でる言葉が多く存在していました。「鎬《しのぎ》を削る」「相槌を打つ」「自腹を切る」「助太刀」「つばぜり合い」「火花を散らす」「元の鞘《さや》へ収まる」「押っ取り刀」「折紙つき」「極め付き」「小手先」など、日常会話でも使われる言葉の中には、刀剣文化に端を発したものが多々あります。現在は日本刀を愛でることがあまりないので、慣用句としては残っているものの、日本刀文化はいずれ衰えゆく運命でしょう。

語彙力というものを文化として継承しないと、精神文化がだんだん痩せ細ってしまうと私は憂えています。現在のように、何を見ても「かわいい」の一語ですませてしまうと、伝わるようで伝わらないこともたくさんあるでしょう。よくネットでは、自らの語彙力のなさを嘆き、皮肉る「(語彙力)」という表現が見られますが、そんな語彙力の欠乏に危機感を抱いている人は少なくないのだという気もします。

市井の達人たちのコメント力

面白いと思ったのは、インターネットで話題の台湾のチアリーダー、リン・シャンさんについて、「かわいい」「かわいくてかわいい」「かわいすぎてかわいい」という表現が多用されていたことです。

改めて文字にすると、それはもう意味不明としか思えないのですが、空気感を伴った表現ではこれで通じるものなのです。

「～すぎる」とか「～しか勝たん」とか、「～しかない」という言い方も多くなっていますが、その一方で、自分たちの語彙力が少ないことを嘆くコメントも多くなっています。

そこでいいコメントがあると、「まさにそれを言いたかった」というモヤモヤした思いを代弁してくれたことに喜び、いい評価が次々とつけられます。語彙力がないことを嘆き、うまく言い当ててくれた人には言葉の表現がうまいと賞賛し、思いを共有できる喜びを表現するコメントがつくのも面白い現象です。

私は、YouTubeを見るのも好きですし、YouTubeのコメント欄を読むのも好きです。YouTubeのあれほど多くのコメント欄をなぜ読むのかというと、感想の共感を得たいからです。

インパルスの板倉俊之さんはいつも素晴らしくて私の好きな芸人さんのひとりですが、ある動画でその方が憧れたお笑い芸人さんとしてロバートの秋山竜次さんを挙げていました。

かつてふたりは、もうひとりとともにトリオを組んでいたそうなのですが、秋山さんの能力を高く評価していた板倉さんは、自分ではその才能がうまく輝かないのではないかと考えてトリオを解消、それぞれ別の道を選ぶことにしたのだそうです。

ロバートの秋山さんは誰が見ても怪人であり、とてつもない才能を持った芸人さんです。板倉さんはそんな秋山さんのことを、動画の中で「少年漫画のヒーローみたいだ」と形容しました。

すると、そこにとても秀逸なコメントが寄せられたのです。

「少年漫画なら確かに秋山竜次さんがヒーローだけれども、青年漫画だったら板倉さんがヒーローです」という内容でしたが、私は「なんとうまいことを言うのだろう」とすっかりその表現に感じ入ってしまいました。

それまで、自分が何となく感じながら言葉にはしていなかった思いを、こんなにうまく言語化してくれたことに嬉しくなったのです。

板倉さんは、相方さんのことでもいろいろとあった苦労人です。青年漫画であれば、まさにヒーローのポジションではないでしょうか。

コメント欄を見ていると、そのように言葉をうまく使って、得も言われぬこと、言葉にできなかった思いを的確に言葉にしてくれる人、つまりコメント力が優れた人を見つけることができます。私は、そんなセンスのあるコメントに出会って、思いを共有することにあまりにも喜びを感じるため、コメントを読むことをやめられないのです。

ネット上では、誹謗中傷が多いことが問題視されていますが、私が読む限り、最近はコメントの質も上がっていて、むやみな誹謗中傷はあまり目にしなくなってきた気がします。ＡＩの管理もあるとはいえ、繊細で絶妙な表現をする人も多くなっていて、感心させられるばかりなのです。

日本語で味わうYOASOBIの世界

YOASOBIがアニメ『【推しの子】』のテーマソングである「アイドル」を韓国で歌ったライブ映像を見て、韓国のファンたちのノリのよさに、とてもいい雰囲気だなと感じました。

日本語の歌を韓国の人も日本語の歌詞で歌っています。そのままでは、意味がわからない人も多いでしょう。けれども、あまりにも曲が素晴らしいため、言語の壁を超えて、曲を日本語で楽しみたいのだろうと思いました。

藤井風さんは「死ぬのがいいわ」でアメリカレコード協会からゴールドディスク認定を受けました。藤井さんは英語も上手らしいのですが、彼も日本語で歌っています。

YOASOBIの別の曲「夜に駆ける」には英語歌詞バージョンもあるので、ライブでは英語でも歌ったのだそうです。けれども、海外のファンは逆に日本語で歌うということも起こってしまったそうです。

確かに、私たちも英語の歌を英語で歌いたいと思います。たとえばイーグルスの

「ホテル・カリフォルニア」には日本語バージョンもあるのですが、やはり原語で歌う方が曲の雰囲気に浸れるのではないでしょうか。

私もその詞を訳してみたことがあるのですが、英語の歌詞は韻を踏んでいて、とても素晴らしいものです。たとえば、「sweet summer sweat」を「甘ったるい夏の汗」と訳したとします。意味を訳すことはできても、訳しきれない何かがあるのだなと感じました。

ビートルズの「イエスタデイ」を「昨日」と歌うのもちょっとためらわれるでしょう。

外国語曲は、原語で聴いたり、歌ったりすることで味わい深くなります。言葉が持つ語感を活かして歌詞にしているからでしょう。そして外国語を学ぶことによって、より曲の世界を理解できるようになります。私も中学生の頃、英語を覚えてビートルズやカーペンターズを聴いたり歌ったりしたものです。英語がわかるようになった喜びもあいまって、洋楽はいいなと感じたものです。

一方、長大な文学作品はちょっと違います。ドストエフスキーをロシア語で読もうとすればものすごい努力と労力が必要になります。意味を理解する必要のある書籍などは、やはり日本語でなくては、となるのです。

言葉を尊びアイヌ文化を継承

北海道にはアイヌの地名が残っています。アイヌの言葉を知れば、それがもっと意味のある言葉として迫ってくる経験ができるはずです。

アイヌという言葉自体、アイヌ語で「人間」という意味です。古くは『カムイ・ユーカラ』(平凡社)、『アイヌ神謡集』(岩波文庫)、現在は『ゴールデンカムイ』などでアイヌ文化に馴染まれた方も多いと思います。

知里幸恵さんというアイヌ女性は、大正時代に十九歳の若さで他界されていますが、祖母や叔母から教わったアイヌの叙事詩「カムイユカラ」を記し、アイヌ語から日本語に訳して『アイヌ神謡集』を完成させるという偉業を成し遂げました。

アイヌの詩は日本語で読んでも世界観が伝わってくる素晴らしいものですが、もとのアイヌの言葉を知るとまた奥深いものです。そのすべての言葉から、カムイ、つまり神を大切にしている世界観が伝わってきます。

私たちは川は山から海へ向かって流れるものだと捉えていますが、知里真志保さんの『アイヌ語のおもしろさ』によれば、興味深いことにアイヌでは川は生き物であり、海から山へと上るものだという考えがもとになっているのだそうです。言葉が違えば全く異なる考え方もあるのです。

以前、『齋藤孝の小学国語教科書』（致知出版社）という本を出したことがあるのですが、そこにはアイヌの言葉についての文章も取り入れました。貴重なアイヌ語を喋る人をこんなに少なくしてしまったのは、今の大和民族、日本人の責任です。日本人の勢力が強くて、異民族に対して圧力をかけてしまったために、アイヌの人たちがそこで暮らしにくくなってしまったのです。

かつて、アイヌの人たちが和人と結婚してハーフになり、ハーフがクオーターになって、というようにどんどん血が薄まり、純粋なアイヌの人が減ってしまいました。アイヌの人たちの文化を意図して保存しないと残らないという危機感がありますが、その中でも最大のものがアイヌ語なのです。

言語学者の金田一秀穂さんのお父さんは金田一春彦さんで、国語辞典の編纂をされたことなどで有名です。そしてそのお父さんの金田一京助さんは石川啄木の親友であったことでも有名ですが、本格的にアイヌ語の研究を始めた人として知られています。ここで記録しなければ消失してしまうかもしれない状態で、アイヌ語の保存に努めたのです。

言葉がなくなるということはその民族の世界観がなくなるということです。逆に、言葉が残っていて、その言葉を喋る人がいれば、その人たちがどういう世界観で生きていたかを伝えてくれるのです。

アイヌ語で思考して、アイヌ語で伝え合っている人がどれだけの人数いるのかが大切です。言語が残り、それを使う人がいれば、文化は継承されるのです。

私が日本語の将来に不安を覚えるわけ

私は日本語の行く末についても心配しています。

日本は少子化で、日本語を喋る人が少なくなりつつあります。言語の広がりが、ほぼ日本列島に限定されているので、この列島の人が減れば減るほど、日本語を使う人が減っていくことになります。

ロシアに侵攻されたウクライナの街では、侵攻された時から即座に小学校の言語がロシア語に変えられました。ウクライナ語とロシア語は兄弟語ではあるのですが、それでもロシア語で即座に授業が始まってしまうことは、文化の侵攻、占領を示します。

恐ろしいことに、親の言葉と子どもの言葉が違うということが起こります。そこでは子どもの使っている言葉の方が正しいとされるので、親の使う言葉を蔑《ないがし》ろにするようになってしまいます。これはウイグル自治区で実際に起こっていることでもあり、中国の圧力によって子どもたちが親から引き離されて、中国語を徹底されます。ウイグル語を話す親のことを蔑《さげす》むようになるのです。そして、中国語を話せなければ職がないという現実が訪れます。

現在、ウイグルの人口が減少しつつあります。これはウイグル自治区の人たちに対する中国の圧政の影響なのですが、それを世界が放置してしまっているために、ウイグルの人たちがどんどん減っているのです。するとその文化が継承されなくなってしまいかねません。

そう考えると、大事なことは豊かな文化を継承していくことです。

日本語も、この先どうなるのでしょうか。今、話している言葉はもちろんですが、昔の言葉はどうなるのでしょう。古典を読み、楽しむ人がいなくては、文化は豊かに継承されないのではないかと思うのです。

古い日本語は、オワコン（終わったコンテンツ）ではありません。古い日本語を学び、味わえる人が増えれば、言葉は亡びません。

言葉の魂、「言霊」を愉しみ、継承していくことが、日本文化の担い手の最重要ミッションです。

第2章

愛すべき言葉の世界に遊ぶ

優れた古典物語は時代のときめきを今に伝える

豊かな言葉を愉しむためにいちばん手軽で有効な方法、それは優れた言葉に満ちた本を読むことです。私たちが読むことで本が残り続け、文化を後の世に伝えていくことにもなります。

とくに、今まで先人たちが遺してくれた古典に親しむことは、私たちの心を豊かにしてくれます。時代を超えて、昔の人たちの思いに共感することもできます。二度とは戻らない時代の空気も、読書によって経験することができます。一気に、自分の世界を広げてくれるのです。

私の授業では、最近読んだ本の中から興味深い一冊を紹介する課題があります。あるクラスでは四十人の学生のうち二人が『源氏物語』を原文で読了したという話を聞き、とても嬉しく思ったことがあります。『源氏物語』を原文で読むのはとても大変なことなのです。

「いづれの御時にか、女御《にょうご》、更衣あまたさぶらひたまひけるなかに、いとやむごとなき際《きわ》にはあらぬが、すぐれて時めきたまふありけり」という冒頭の文は有名で誰もが知っているものだと思います。「時めきたまふありけり」という言葉から、桐壺の更衣が眩しいほどの寵愛を受けていて、その存在に皆が注目している感じが伝わってきます。まさに、ときめきを覚える一文です。

『源氏物語』の筋はもちろん面白いもので、意訳でも十分にその世界を味わうことはできます。けれどもそこで使われている古語の風情がとても素晴らしく、原文で読むと深い「もののあはれ」を感じられるのです。

江戸時代の国学者本居宣長は、『源氏物語』の本質を「もののあはれ」としました。見るもの聞くもの触れることに心が感じて出る嘆息《なげき》の声が、「あはれ」です。

古典の原文からは、大和言葉の奥深さを感じることができます。『源氏物語』を当時の言葉とともに味わうと、古《いにしえ》の情景や人物像、人々の感性や考え方に直接触れることができるような気がします。

光源氏の造形自体がまず面白いのですが、彼は奔放な女性関係の末に、自分の子ではない子を胸に抱くことになり、因果応報のような切ない感情が描かれます。その切なさを、紫式部はていねいに言葉で表現しました。当時の人たちもその感情を共有することを愉しんでいたと思いますし、天才的な作家のおかげで、その後千年の長きにわたって、読んだ人が同じように感情を共有して愉しむことができるのです。

源氏沼にハマったオタク女子の一代記

日記文学の代表のひとつとされる『更級日記』は、言ってみれば、『源氏物語』が好きで好きでたまらなかったオタク女子の一代記です。

著者の菅原孝標女《すがわらのたかすえのむすめ》は少女時代、巷で噂の一大ベストセラーである『源氏物語』が読みたくて読みたくて仕方ありませんでした。けれども、父の仕事の関係で地方に住んでいたため、本を手に入れることができません。ひたすらに『源氏物語』への憧れを募らせるあまり、等身大の仏像を作らせて願掛けまで始めます。

そして、ついに父の任期が明けて京に住むようになった彼女は、『源氏物語』五十余巻をもらい、『源氏物語』に夢中になって、まさに沼にハマった状態になるのです。

わくわくする心を、「はしるはしる」と表現しています。

こんな記述から、当時の人たちが『源氏物語』に熱狂していた様子が伝わってきます。おそらく紫式部が書いて新しい巻が出ると、それを皆で回し読みしてああだこうだと感想を語り合い、続きはまだかと待ち侘びるような状態だったのでしょう。

今も出版界では、当然のごとく優れた作家さんが次々に登場して、魅力的な作品を描いて、それを楽しみに待ち望んで買う人たちがいます。しかし、街の書店が減り、出版界は斜陽とも言われています。大切なのは文化を積極的に継承する使命感だという気がします。

武士の心が折れにくかったわけ

身体文化や精神文化の継承があって、それが人間の基盤を作っているのだと私は考えています。その上に個人の気分としての「心」があるのです。

心は日々移り変わります。昨日の気分と今日の気分は違いますし、一日の中でも移り変われば、誰かを相手にした時と他の人を相手にした時の心のあり方は変わります。けれども、仏教の精神やキリスト教の精神や武士道の精神は、相手が誰であっても変わりません。なぜ変わらないかといえば、それが個人のものではないからです。皆で作って継承されてきた文化であるから不変なものであり、その日の気分で変わるものではありません。

心というものばかりが肥大化して精神文化の継承が行われないと、心の分量が多すぎて些細なことで揺れ動きやすくなってしまう。その結果、心が疲れてしまうのです。精神文化の継承の量が多ければ、心自体の負担が少なくなり、結果として心が安定するのです。

福沢諭吉などは明治維新までに武士としての人格形成を終えているので、非常に安定した人格でした。吉田松陰も公を大事にする気持ちがあり、心が折れにくいタイプです。

あの時代の幕末の人たちを見ると、非常に心が折れにくいのです。武士というのは、個人としての心の部分を減らしている存在です。

「今日は気分がすぐれなくてちょっと切腹難しいんで、また一ヶ月後くらいに」などということはあってはなりません。精神の文化が基本にあり、それに従っているので安定しています。その日ごとの気分で生きていないのです。

そうした精神を鍛えるための手段のひとつとして、禅という身体文化がありました。勝海舟は、禅や剣術で精神の形成をしたと語っています。厳しい修練を通じて精神形成を行い、身体文化、精神文化を伝統として継承していたのです。

渋江抽斎の妻に見る日本女性の人間性

『渋江抽斎』という森鷗外の小説があります。森鷗外といえば「石炭をば早《はや》積み果てつ」という『舞姫』の冒頭など、風情のある文語体のイメージがありますが、この作品は口語体で書かれていてとても読みやすいものです。

エレファントカシマシの宮本浩次さんが「歴史」という曲の中で、『渋江抽斎』で鷗外の口語文は極限に達したと歌っています。鷗外を歌詞にした曲自体聴いたこともなかったのですが、その上『渋江抽斎』まで歌詞になるとは、「そんなことある？」と驚いたものです。

渋江抽斎は歴史の中で忘れ去られていたはずの人物でしたが、鷗外が書き残したことで蘇りました。しかも口語体で書いたこともあって、その人となりがイキイキと今に伝えられています。

渋江抽斎の奥さんである五百《いお》さんも話に登場し、その時代を生きた女性の姿を垣間見ることができます。当時の女性がどのような存在であったかという記録はあまり多くないので、鷗外のこの描写はなかなか貴重です。

エピソードのひとつにこのような話があります。ある日、渋江抽斎の家に三人の強盗が押し入り、金を寄越せと迫りました。渋江抽斎自身はどうにもできずにいましたが、ちょうどお風呂に入っていた五百さんが熱い湯を桶に汲んできて、果敢にも男どもにかけました。そしてなんとその時、懐剣を口にくわえていたというのです。

入浴中ですので、上半身は裸です。一体どこにその懐剣があったのかというと、どうやら肌身離さず持っていたようなのです。

その生き方こそが身体文化であると感じます。どんな時も懐剣を肌身離さずにいたとして、使い所なんてあるのだろうかと思いましたが、そうやって実際に活用していたというのがまた驚きです。

そして五百さんが大きな声で「どろぼう」と叫んだことで、強盗は退散したそうです。そんな五百さんの武勇伝を誰かが他の人に伝えようとすると、五百さんは恥ずかしいからやめてほしいと言ったそうです。

テレビドラマでもなかなかないほどの事件に際して、立派に行動するその精神のすごさには驚きを禁じ得ません。当時は五百さんのような人が当たり前にいた時代だったのかと思うと、崇高な感じさえします。

そのような精神の整え方には、一本筋が通っている気がします。五百さんは勉強がとても好きで多くの本に親しみ、最後は英語まで勉強していたそうです。さらに、地動説についても学んでいたとか。そのような人格自体が、文化の表れという気がします。

そう考えると、やはり精神は作られていくもの、成熟していくものなのでしょう。

自分ひとりで作るものではなくて、前の世代から受け取っていくものです。

そのような文化をしっかりと受け継ぐには本を読むことが大切であり、そのためには言葉が自分の武器としてきちんと身についていることが必要なのです。

十七音に日本語の素晴らしさを知る

私たちは、皆疑いなく日本語ができると思っていますが、本当のところ、それをフル活用しているとは限らないのではないでしょうか。今、日本語さえできれば、異言語や大昔の文、たとえば古代ギリシャの話でも翻訳で読むことができるのです。どの時代のどの地域にも簡単にアクセスできるほど、多彩な本があふれています。

そんな恵まれた状況の中で、どうしてそれを最大限に活用しないのでしょうか。

せっかく日本語ができるのに本を読まないのは、もったいないとしか言いようがないと思うのです。昔の人のように教育を受けていないから読み書きができないわけでもなく、誰もが当たり前のように読み書きができるのになぜ本を読まないのでしょうか。

毎日、インターネット上の文には接している人が多いでしょう。けれども、本の中で体験できる世界には、そんな日常の世界とは違った奥深さ、味わい深さがあります。漱石や鷗外の文章など、自分が決して書けないものを読んで、「ああこんなすごい世界があるんだ」と感じることができるのです。

今生きているこの世界、この時代に、母語である日本語を最大限に活用して日常とは異なる奥深い世界の醍醐味を味わってほしいと強く願うのです。

たとえば小林一茶の句を見てみましょう。

私はかつて、一茶の句を百句選んで、それぞれについて解説する本を出したことがあります。一茶は、生涯で二万ほどの俳句を遺しています。なぜこの句を作ったのかという説明がついている句もあり、一茶全集でそれを読むといっそう情景がくっきりと見えてくるようになります。一茶の精神世界が一茶全集の中にほぼ入っているのです。

「露の世は露の世ながらさりながら」という句があります。これは、一茶が子どもを亡くした時のものです。「この世は露のようにはかない世と言われていて、それはわかってはいるけれども、まあ、そうは言っても、これはあまりにもはかなすぎる」という内容に、小さな子どもを亡くして嘆く気持ちが表れています。一茶は五人の子どものうち、なんと四人を幼くして亡くしています。

一転、こんな明るい句もあります。「わんぱくや縛られながら呼ぶ蛍」。わんぱく小僧がいたずらでもしたのでしょうか、お仕置きを受けて縄で縛られています。そこで挫《くじ》けるどころか蛍を呼んでいる光景が浮かんできます。そのかわいらしさは、サザエさんの弟のカツオを思わせます。

「空腹《すきばら》に雷ひびく夏野哉」は、貧しくて食べるものがなく、空きっ腹で寝転がっているところに雷が響いて、よけい空きっ腹に堪《こた》えるという情景です。

「合点して居ても寒いぞ貧しいぞ」という、貧しくて食べるにも温まるにも困るという生活を描いた軽妙な句もあります。百句、千句と一茶の句に触れることで、一茶の人柄が浮かび上がってきます。五七五の世界に慣れてくると、しみじみと俳句の世界を味わうことができて、日本語ができてよかったなと思うものなのです。

描かれた景色に風情を感じる

正岡子規の「柿食えば鐘がなるなり法隆寺」は俳句の代表的存在ですが、わずかあれだけの描写で柿と鐘の音の情景が目に浮かび、秋という季節感が深く感じられるようになるのは、子規のワード構築力がなせる技でしょう。

ただし、実際には法隆寺まで行かず、近場で柿を食べていたのではないかという説があります。しかも、漱石が作って直前に発表した俳句「鐘つけば銀杏散るなり建長寺」をもとにしていたらしいこともわかっています。

松尾芭蕉の「古池や蛙《かわず》飛びこむ水の音」も、日本人にとってあまりにも馴染み深い俳句です。その句を聞けば静かな庭の情景が思い浮かび、そこにいるような感じさえします。

けれども、この句にも本当に見ていたのかという疑問があるのだそうです。水の音に注意が向けられるのはむしろ、視覚に頼らなかったからではないかという考え方もあるのです。当時、蛙は騒がしい鳴き声が強調されることが多く、ここで水の音に注目したところが新しい視点だったようです。

日常の「気づき」を大切にして、わずか五七五で日本人の心に共通するワールドを作ってしまうのが俳句のよさなのです。

現在、俳句は外国語にも訳されて世界中で広く愛されています。一茶の句も上手に訳されていて、その風情は結構伝わるものですが、あの五七五のリズムだけは日本語でしか感じることができません。

音を数で数えられるのは、日本語のひとつの大きな特徴です。

春を英語でspringとする場合、日本語ではスプリングと五音使いますが、英語は一音節です。日本語で五音必要な語が一音節というのでは、日本人の感覚としてはすぐに馴染むことができません。日本語と英語のラップでは、リズムに大きな違いが生まれます。

子どもの頃によく「チ・ヨ・コ・レ・イ・ト」「パ・イ・ナ・ツ・プ・ル」と指を折りながら外来語を区切って口にしていたと思いますが、これは日本語には一音一音を数えられるという特徴があるからです。このように、指折り数えながら五七五の俳句を作ることができるのは、日本語ならではのひとつの味わいです。

五七五からなる俳句は、五七五七七からなる和歌をもとに生まれたものです。日本最古の和歌集、『万葉集』は柿本人麻呂の「東野炎立所見而反見為者月西渡」（東《ひんがし》の野にかぎろひの立つ見えてかへり見すれば月傾《かたぶ》きぬ）の歌などが有名です。

リービ英雄さんが『万葉集』を英訳されていて、それもまたとても素晴らしい風情があります。英訳の文章から風情が感じられる上、日本語よりもさらに意味がクリアに感じられるのです。

もともと、日本語にはあまり意味をクリアにしすぎない、意味がおぼろげな部分があり、その加減がまた印象派風で味わい深いのでしょう。

たとえば「野にかぎろひの立つ」のかぎろひは、もともと『万葉集』では「炎」という字で表現されています。当時、その文字によって何を表現しようとしていたのかは、はっきりとわかりません。炎をかぎろひと読んだのは、江戸時代に『万葉集』の研究、解釈を行った賀茂真淵《かものまぶち》です。

「月西渡」と書いて最後は「月傾きぬ」と読んでいますが、それも賀茂真淵がそのように解釈したということであり、「西に渡る」とも読めるのです。

もともと作った人がどう読んでいたか、本当のところはわかりませんが、残された万葉仮名を五七五七七に当てはめながら解読するという苦労があったのです。

『万葉集』や『古事記』を読めなかった江戸時代

今の私たちにとっては江戸時代も十分昔ですので、江戸時代の人なら『万葉集』くらい読めたのではないかと思いがちですが、そんなことはありません。当時もうすでに、誰も読めなくなっていたのです。

それでも『万葉集』の中の表音系の万葉仮名で書かれているものは、一音一文字対応しているので音で読むことはできます。「東野」の歌のように、漢字の意味を活かした表記は解読が難しい。『古事記』も、当時としても解読できない難解なものでした。そして、当時の国学者、本居宣長が苦労して書き起こしたのが『古事記伝』です。

言葉を解読することは、日本人の精神を知ろうとする国学にとって最も大事なことです。漢語が多いと、文章が固くなります。もっと柔らかで「もののあはれ」を感じさせるような大和言葉を大事にしよう、復活させようという思いがあったのです。

そのためには、日本思想の源流である『万葉集』や『古事記』を読めないとどうにもなりません。そこで立ち上がったのが、賀茂真淵であり、本居宣長でした。

「松坂《まつさか》の一夜《ひとよ》」という逸話があります。松坂は、本居宣長の生地でした。

ある時、賀茂真淵が伊勢神宮へと向かう途中で松坂を訪れました。

その時、真淵は七十に近い老大家、一方の宣長は三十歳余の才気に満ちた学者です。年は離れていても、立派な学者同士、一生に一度だけの出会いが叶いました。

ここで宣長は真淵に入門を願い、師弟関係が結ばれます。そして『古事記』を学びたいと言う宣長に、真淵は自分も『古事記』を研究したいと思いながらそのためにまず『万葉集』の研究をしているうちに年をとってしまった。若いあなたがしっかり努力すればきっと大成するでしょうと言われ、その志を受け継いだという美しい話です。

これは三重の歌人、佐佐木信綱がまとめた文で、どこまでが事実かどうかわからない部分もありますが、戦前は教科書に載っていた有名なエピソードであり、知らない日本人はいなかったほどの話です。

私はこれは非常にいい話だと思っています。日本人の心とか精神を問うならばそのおおもとの『万葉集』、『古事記』あたりが大事であって、まずそこを解明する必要があります。大志を抱く二人が気持ちを通い合わせて、賀茂真淵の精神が本居宣長にその日、継承されたのです。

今これほどに『古事記』が無理なく読めるのも彼らのおかげだと思うと、よくぞやってくれたものと本当に頭が下がります。角川文庫にある『古事記』は、原文も併記されているので、ぜひ読んで味わってみていただきたいと思います。

また、ロゼッタ・ストーンを解読したフランスの研究者ジャン＝フランソワ・シャンポリオンなどのように、世界にはいろいろな言語を解読した人の伝記もあります。あるいは点字を開発したルイ・ブライユの話もまた興味深い。そのように、言葉に尽力した人たちの苦労の物語を読むと、言語の素晴らしさがさらに胸に迫ってきます。

「咲」と書いて「わらう」と読む

『古事記』の中でも、天《あめ》の石屋《いわや》伝説は誰もが知っている有名な話でしょう。八百万《やおよろず》の神というのを聞いたことがあると思いますが、ここに「八百万神諸咲」という文があります。

「咲」と書いて「わらう」と読みます。今でも、「咲」という漢字を「えみ」と読むことがありますが、「咲く」と「笑う」という言葉がつながっていると思うと、なるほどと思わされるでしょう。

この部分は、多くの神々が楽しくなって皆大爆笑している場面です。その様は、まさに満開の花が咲き誇るような華やかさ、楽しさに満ち満ちていたのでしょう。

私の授業でも、グループワークをしている学生たちが皆楽しげで、どのグループも笑っている時があります。そんな様子を見ると花畑に花が咲き誇っているような印象があって、笑うと咲くの根っこは同じだなと思うことがあります。

『万葉集』研究の専門家である中西進さんの『ひらがなでよめばわかる日本語』（新

潮文庫）という本があります。ここでは、日本語で「はな」と言った時にどういう意味かというような、面白い考察があります。

「鼻というのは、顔の真ん中に突き出ていて、呼吸をつかさどる重要な器官です」「生命活動のなかでは最も優先的な、命の根源、いわば「トップ」の存在です」と書かれているとおり、植物の枝先に咲くのもはな、岬の突端もはな、しょっぱなとか下駄のはなおも皆、それとつながりがあるのだそうです。「目・鼻・歯」も「芽・花・葉」も「め・はな・は」と呼ぶという共通点があるのも面白いと思いませんか。

実も身も努力の末に実るもの

ここでは「み」についても語られています。私たちは身体のことを、体と呼ぶこともあれば、身という言葉も使います。

「み」は、果実の実と発音が同じです。「からだ」が具体的な肉体を指すのに対し、精神的で象徴的な存在を「み」とよぶのです。「からだ」は、それこそ木の幹が伸びて枝が出るように黙っていても成長しますが、「み」は自らの努力なしには成熟していくことがありません。さらに「み」は、努力して経験を積んだ成果として、木の実のように「みのる」ものですから、「からだ」のように、事故やけがで損なわれることはない」

つまり、体は勝手に成長するけれど、身は努力した成果として木の実のように実るのだという考察に、なるほどと思わされます。

哲学者の市川浩さんは『〈身〉の構造』（講談社学術文庫）という本を書いていらっしゃいますが、市川さんの身体論からも身という日本語の面白さが伝わってきます。「身の上話」「身から出たさび」「肩身が狭い」「身に余る光栄」「身に迫る」など、いずれも具体的な肉体というより精神的な意味合いで使われているのです。

季節についての話も興味深いものがあります。

「「はる」には、天気がよくなったり晴れ晴れとする「晴る」、芽が膨らんだり強く盛んになったりする「張る」、そして田畑を耕して開く「墾《は》る」などがあります」「明るくなる、見通しがよくなる、そういう意味です」

原っぱの原も、「はる」の仲間であり「冬が去って春がくると、空が明るく晴れ、心は昂揚《こうよう》し、草木は芽ぐみ、身体活動は盛んになる。そういう時期を「はる」と名付けた」のではないかというのです。

さらに、「はる」は「はらう」にも関係するという考察が続きます。「「おはらひ（お祓い）」は、悪いものを取り除いてきれいにすること。まさに、冬が取り払われてやってくるのが、「はる」です」

アニメ『葬送のフリーレン』二期のテーマソングはヨルシカの「晴る」という曲でした。この曲でも「はる」という言葉がさまざまな意味を表しており、奥の深い歌詞が印象的です。そもそもフリーレンとはドイツ語で「凍る」という意味。冬を払って春が来て、晴れた日に空＝ヒンメル（魔王を倒した勇者）を見上げるということなのでしょうか。

お祭りについても「神の来訪を「まつ」行為が、「まつる」「まつり」です」とあります。待つという言葉とお祭りをつなげて考えることは普通ありませんが、ここにも大和言葉の深みを感じます。

言語とは、一つの言葉が一つの意味を持つものであると普通は思います。けれども、そもそも一つの単語が一つの意味を持っているとは限らないのです。これは、先にも登場したソシュールの考え方とも共通します。

たとえば、外国語と日本語で考えてみます。英語のriceは日本語でコメと訳すことができます。けれども、炊いた後、日本語ではコメより、ご飯というイメージになります。食事の後に、「今日のお米は美味しかったね」とはあまり言わないように、日本語では炊く前と炊いた後のものは微妙に区別をしています。けれども、英語ではどちらもriceで表されるのです。

コメはriceで間違いはないのですが、それぞれの人が属するコミュニティ、言語体系の違いによって微妙にイメージは異なります。

このように、一つの言語が一つの意味を示すのではなく、それぞれが属する文化圏の違いによって変わるという考え方があります。

言葉の体系が違えば意味も一つひとつ違うわけですから、日本語と外国語を一対一対応させることは難しいのです。ですから、いくつかの意味を並列させておくことによってもとの言葉の意味のニュアンスが通じるようにするのが読み方のコツです。
このように、外国語を学んで、日本語の面白さを再確認することもあります。

暗唱文化が向学心を育てる

昔の寺子屋では、仏教や儒教の考え方を基本にした『実語教』『童子教』をテキストにしていました。『実語教』は平安時代、『童子教』は鎌倉時代にできたもので、学ぶことの大切さや礼儀などが記されています。寺子屋の教育を通じて、日本人の精神文化に大きな影響を与えてきたものです。『実語教』について、私は「日本人千年の教科書」と言っていいと思っています。

福沢諭吉は『学問のすすめ』の中で、『実語教』にもあるようにと書いた上で、「賢人と愚人との別は、学ぶと学ばざるとによりて出来るものなり」と言っています。つまり、その時代に至るまでずっと子ども用の教科書的存在であったのです。

そこには、いかに学ぶことが大事かということが書かれています。人は外見ではない。山は高いからいいのではなく樹があるから偉いのだ。樹というのは知識、知恵なんだ。勉強するから豊かになって人の役に立つのであって、見た目なんか全然関係ない。お金なんて関係ない。知恵なんだ。と、そのような言葉がずっと続きます。それを、皆が読み、暗唱していたのです。

すると、人の価値は背の高い低いでもなく、見た目の良し悪しでも、身分の上下でもなく、学んだかどうかなんだという考え方が皆の共通見解として身に染み込みます。ある意味、国の向学心のおおもとがそこでできていたのです。

ですから、上の学校に行って学びたいという思いを持っていた人が多く、境遇に恵まれずに学校に行けない人でも、なんとかして学校に行きたい、学びたいと考えていました。そんな価値観が共有されていたのです。

なかなか今の時代それが共有されていないのは向学心をかきたてるテキストが共有されていないからなのではないかと思っています。子どもの頃から、価値のある言葉を身につけていれば、そんな気分にもなるのではないでしょうか。

『童子教』はなかなか厳しいところもあります。「蛍の光窓の雪」は蛍の光や雪あかりで勉強したという古代の中国の人の勉強の仕方で、貧しくとも一心に学問に励むことを賞賛した一節です。けれども、『童子教』の内容はそんな生易しいものではありません。集中力を高めるために錐《きり》でももを刺すやり方や、眠くなったら首に縄をつけて、寝そうになったら首が絞まるような仕掛けまで中国の逸話として登場して、今、落ち着いて読めば爆笑ものでもあるのですが、当時は真剣に読んでいたのです。それを読んで育つと、子ども心にそうまでして勉強するものだと刻まれていました。

第二次世界大戦で戦死した学生、林尹夫《ただお》の手記『わがいのち月明に燃ゆ』などを読むと、出陣の前まで懸命に本を読んで勉強している様子がわかります。

もうすぐ死ぬとわかっていても勉強を続けたいという意欲が強いのです。もしも戦争が終わったなら、自分は研究を続けて学者になりたいと強く願いながら出陣します。学徒出陣の人たちの記録には、そのような激しいまでの向学心がよく見られます。当時の人の学ぶことに対する真剣さにハッとさせられます。

日本の「公園の父」と言われる林学者、本多静六は、幼い頃に父を亡くして苦学しながら一心に学んだことで有名で、「コメをつきながらでも勉強はできる」と言い、実際にコメをつきながら学んでいたようです。いや、むしろコメをつくリズムで暗記ができていいくらいの勢いです。その志の強さはすごいものです。

薪を背負いながら本を読んでいた二宮金次郎とも共通するものがあります。そこまで苦労をして学んだ人の話を何度も何度も聞いて暗唱していると、学ぶことへの憧れが湧いてきて、勉強したいという思いが高まるのでしょう。

小説の中でもうひとつの人生を生きる

かつて、自己形成をすることと教養を身につけることがイコールで結ばれた時代がありました。ドイツ語では、教養をビルドゥングと言います。文学の中にビルドゥングスロマンという分野があり、これは人間が自己を形成してゆく過程を描いた小説であり、教養小説とも訳されています。

有名なものとしては、ロマン・ロランの『ジャン・クリストフ』や、ゲーテの『ヴィルヘルム・マイスターの修業時代』などが挙げられます。

『ジャン・クリストフ』は、彼が生まれてから死ぬまでを描いた長編小説で、生き方そのものが作品の中に込められています。すると、読むという行為でひとつの人生をなぞることになります。その人の言葉を読みながら、自分とは違う壮大な人生を生きることになるのが、ビルドゥングスロマンの醍醐味です。

人間の一生を描いているので、うんちくのように教養が語られるわけではなく、上から目線で説教されるのでもなく、自然と自己形成につながるようにできています。

そう考えると、かつては自己形成、つまり自分の人格を作り上げることと知恵（教養）を身につけることはセットだったのではないでしょうか。

子どもは誰でも暗唱が好き

たとえば「雨ニモマケズ」を暗唱して覚えていると、どこかで自然と「そういうものに私はなりたい」と口にしてしまったりすることがあるでしょう。自分の中の一部にするための言葉とのつき合い方は暗唱です。暗唱文化が私たちから離れてしまったことで、言葉とのつき合い方が薄っぺらになってしまったのかもしれないと思います。そんな思いもあって私は、「にほんごであそぼ」という教育番組の総合指導をしています。

全国であの番組を見た子は多く、全国から「雨ニモマケズ」や「春はあけぼの」を覚えた子がビデオレターを送ってくれたりしたものです。それをまた「にほんごであそぼ」で放送することで「私にもできる」と思う子が全国に増えるというように、新しい暗唱文化が始まったのではないかと思っています。

私も小学校の時に「雨ニモマケズ」を先生が暗唱させてくれたのが身についていて、それをありがたいと感じています。もちろん、子どもだけではありません。大人にとっても心を豊かにする効果があると確信しているので、またその文化を復活させ、広げたいと思っています。

まずは短くてもいいからちょっと座右の銘になりそうな言葉を探して、暗唱してみるのはどうでしょう。暗唱が難しそうなら、朗読でもいいし、それも気恥ずかしいなら流行歌を覚えるのでもいいと思います。詩を暗唱するのが難しくても、なぜか歌は歌えるものなのです。

歌うという行為も、自然と言葉を自分の身に馴染ませることのできる素晴らしい文化です。日本で始まったカラオケが、今では世界中に広まっていることも理解できます。

いい言葉、自分の好きな言葉を探して、触れて、声に出してみることを意識して、言葉との深いつき合い方を改めて始めてみていただけるといいのではないかと思っています。

その時代だからこそ生まれた傑作もある

松尾芭蕉は格別優れた詩人ですが、もちろん今の時代でも詩を上手に作る人はいると思います。けれども、今の時代、どんなにうまい人でも芭蕉にはなれません。

新幹線や車で移動するのが当たり前の今、江戸時代に奥の細道をたどったような旅はできません。たとえこの時代に歩いて旅をしたとしても、それは意味が違うものになります。芭蕉のような才能はあったとしても、もう二度と芭蕉は現れないのです。宮本武蔵も同様です。本当に斬り合いをやっていた時代だからこその『五輪書』です。今、どんなに剣術、剣道が上手な人がいたとしても、決してその境地には至れないのです。

もちろんイチローさんのような、宮本武蔵のような達人は存在するのですが、それでも本当の斬り合いで命を相手が落とすかもしれない、自分が命を落とすかもしれないという厳しい世界はもうないのです。

『五輪書』に刻まれた言葉、「千日の稽古を鍛とし、万日の稽古を練とす」というような言葉は、重みが現代とは違います。

宮本武蔵はまた、観と見、二つの目を持たなくてはならないといい「観の目つよく、見の目よわく」とも記しました。観は観察の「観」、大局的に見るということで、人生観や生命観のイメージです。「見」は普通に見ることです。「木を見て森を見ず」という時には、見の目で細かいところは見えるけれども観の目がないことになるのです。

羽生善治さんが『大局観』（角川新書）という本を出されています。将棋の盤上では細かいところも見ますが、大局的に見る見方が大切だと書かれています。

達人の秘密に迫りたい

兼好法師は『徒然草』の中で「達人の、人を見る眼《まなこ》は、少しも誤る所あるべからず」、つまり達人が人を見る目は少しの間違いもないのだ、と書きました。

兼好法師は、達人や名人の話を聞くのが好きだったようです。

馬の名人についての記述があります。彼の名人としての秘訣は、馬や装備にちょっと違和感があったら乗らないことにしているということでした。普通なら「まあいいか」と思うほどのちょっとした違いも見過ごさないのは、君子危うきに近寄らずということでしょうか。馬を自在に乗りこなすのが達人だと普通は思いますが、本当の名人はこのようなものだと兼好法師は伝えています。

兼好法師は、すごろくの名人にも必勝法を尋ねています。すると、勝とう勝とうと思うのではなく「負けじ負けじと打つべし」なのだそうです。確かに、麻雀の達人もそのようなことを言っていました。つまりは、振り込まなければいいのだそうです。名人の秘訣は大負けしないということであり、きっと負けないためのセンサーがあるのでしょう。

兼好法師は、市井の達人に興味があったようです。

木登りの名人は低いところになって「気をつけるように」とお弟子さんに声をかけたそうです。「あやまちは、安き所に成りて、必ず仕る《つかまつ》事に候ふ」、つまり過ちは簡単なところで起きるものということです。これは古文の教科書にも載っている話です。

私は高校時代に、弓の名人の話を読みました。弓を習い始めるなら、はじめから二本の矢を持ってはいけない、次の矢を頼みにして最初の矢をなおざりにしてしまうからというアドバイスでした。

当時テニス部だった私は、早速その教えに素直に従いました。「この一矢に定むべしと思へ」とばかりに、サーブの時に、セカンドサーブがあると考えず、一球しか持たずに打つ練習をしていたものです。

切れない刀の使いみち

彫刻師の話もあります。「よき細工は、少し鈍き刀を使ふと言ふ。妙観が刀はいたく立たず」というのは、名人は少し鈍い刀を使う、名工である妙観の刀もよく切れないという内容です。この文を読んだ時、私はなぜか安心したのを覚えています。

なぜ鈍い方がいいのかについては詳しく語られていないため、今でも諸説あります。が、私はものすごく能力の高い人は、あまりにもキレキレなところを見せるよりは、少し鈍いくらいにした方がかえっていいこともあるということではないかと考えたのです。

私がテレビに出ている時によく感じることですが、優れたMCの方は自分が前に出るよりも、人にうまく話させることが上手で、それができる人が名人なのではないかと思います。

MCが博識であるところを見せすぎてしまうと、他の人が喋れなくなってしまいます。所ジョージさんがMCの番組で二年間ご一緒させていただいた時には、所さんの素晴らしさをよく感じたものです。

ＣＭの時間など、所さんは興味深いお話を聞かせてくださるのですが、出演者が自分の話をされる時にはすっと引いて、どんな話にもいきいきと興味を示し、上手に話を引き出します。

その場でＭＣが目立ちすぎずに他の人を立て、自由に話しやすい場を作ってくれるのです。ですから共演しているものとしては大変やりやすいし、気持ちいいのです。

その様子を見て、なるほど少し鈍い刀を使うというのはこのようなものかもしれないと感じました。その言葉を知っているだけで、これが達人の業《わざ》かと考えることができるのです。

あまりにも能力剝き出しでキレキレの人は他の人を遠ざけてしまうところがあります。

少しわかりやすくしたり、一般に通じるような形にするために、あえて鈍い道具（言葉）を使うこともあるのかもしれないと思います。『徒然草』のこの言葉があることで、いろいろと考えを巡らすことができるのです。

『徒然草』には、また「思い立ったが吉日」のような話もあります。始めようと思ったらその日に始めるのがいいよという教えを読むと、ああ、昔も同じような悩みを持つ人は多かったのだなと考えたりします。

「能をつかんとする人」という話もあります。能をしようとする人は、人に見られるのを恥ずかしがっていてはダメで、どんどんやらないとうまくならない。恥ずかしいなどと言っている人が、何かを身につけることなどできないと、なかなか手厳しいことを言っています。

私の授業では、学生が皆の前で知的コントをするという課題があり、中には恥ずかしがって前へ出たくない人もいます。けれども、やらなければ慣れません。

そこで「まあまあ、兼好法師もこう言っていることだし、まずはやってみよう」などと声をかけています。そんな時、言葉は時代を超えて普遍性を持っているのだとつくづく感じます。優れた言葉は、実は決して古びることはないのです。これが言霊のパワー、「言霊力」です。

人間の器の大きさは尊敬に値する

『徒然草』でとくに私が好きなのは、盛親僧都というえらいお坊さんの話です。この人は高僧でありながらなかなかの変人として知られていたようで、とにかく芋頭、今でいう里芋のようなものが大好きで文を読む時にもずっと食べ続けていたそうです。それもひとりで、です。

高僧でありながら貧しい暮らしでしたが、ある時遺産として大金を手にすることになったそうです。すると、もらったお金すべてを預けて、好きな時に引き出しては芋頭を食べたいだけ食べるということを続けていたそうです。大金をすべて好きな芋頭だけに費やしたというなかなかの変人なのですが、大金を手にしても芋頭で人生満足できる、この人は本当に執着のない人だということで尊敬されたそうです。生き方自体が作品のような存在です。

また、ある時には道で向こうから歩いてくるお坊さんの顔を見て、「しろうるり」と名付けたそうです。一緒にいた人が「しろうるりとは何ですか」と尋ねたところ、自分も知らないけれどあるとすればあの人の顔に似ているだろうと言ったそうです。

顔を見て瞬時に「しろうるり」という音を当てるこのセンスがなんとも素晴らしいと思いませんか。

あだ名というのは、『坊っちゃん』に出てくる「赤シャツ」だとか「うらなり」というように、既存のものにたとえるものが多いのですが、この人は新しい言葉を作ってしまっています。言葉が生まれる瞬間というのはこのような感じだろうと思わされます。

あるものを見て、あ、これにはその語感がぴったりだよねと皆に思ってもらえたら、それが名前になっていくのかもしれません。

このような面白いエピソードを記録していてくれた兼好法師のおかげで、このお坊さんの人柄も伝わってきます。

まわりの人たちもこのような人物を尊敬する感性を持っていたのだな、人物の大きさを尊敬する文化があったのだなと感じます。ただ口がうまいだけの人を尊ぶのではなく、腹ができている人を見極めるという、人物に対する鑑識眼、眼力が備わっていたのでしょう。

他人と比べず自分の基準で生きる

宮沢賢治の「毒もみのすきな署長さん」という短編が私は好きです。

美しい川のある村の話です。毒もみというのは川の上流で毒をもみ出すことで、その結果として魚が死んでしまうので、絶対にやってはいけないとされています。

ところがそれが起こってしまい、警察が探すけれども一向に犯人が見つかりません。それもそのはず、実は警察署長自身が犯人だったとわかったのです。

署長はそれがバレた時に全く慌てず、毒もみが大好きなんだと自白します。そしてついに首を切られる時に、「いよいよこんどは、地獄で毒もみをやるかな」と言って笑い、その様子に一同すっかり感服したというお話です。いや、そんなに毒もみ好きだったのか、となります。

もちろん犯罪はいけないのですが、署長さんが全く悪びれずに言った言葉を聞いて、皆その人物の大きさに感心するというのが何だか面白い図になっています。

今の時代は人物の大きさよりも、誰が成功したのか、誰が有名か、誰が美しいのかと、とにかく外見や外側が評価の中心で、皆が張り合っているような状態ではないでしょうか。

時としてマウントの取り合いのような状態になることもありますが、それに参加していること自体が、人物的な大きさとしては今ひとつではないかと感じます。

先ほどの、お坊さんにしても署長さんにしても、他人とマウントを取り合うことなど一切ない人たちです。他人と比べることはなく、自分の基準で生きています。そういう純粋さ、自分の人生を生きている感覚、その人がドーンとまっすぐに自分を表現している生き方に胸を打たれるという感性が大切だと思うのです。

文学者は見えない仕掛けをちりばめる

夏目漱石の『こころ』は、国語の教科書で取り上げられることが多く、懐かしく思い出される方もいるのではないでしょうか。

ある時学生が、『こころ』について高校時代の授業の話をしてくれました。『こころ』の主人公である「先生」は、親友のKを自分の下宿に泊めており、襖《ふすま》を隔てて寝ています。この襖が二人の関係において重要な役割を果たすと考察されているのですが、ある時襖を隔てて「まだ起きているか」とKが「先生」に声をかけるシーンがあります。「先生」は「起きている。何か用か」と答えて、それ自体はなんでもない会話として終わるのですが、その国語の先生は「Kはなぜ声をかけたのか」と生徒に尋ねたのだそうです。

何か話したいことがあったのではないかというのが普通の答えだと思いますが、その先生は、もしそれで返事がなかったらそこで命を断とうと思っていて、確認をしたのだろうと話したのだそうです。

それを聞いた時、私はなるほど確かにそうかもしれないと感じました。私が気づいていない解釈でしたので、国語の先生には鋭い人がいるものだと感服しました。

また、別の素晴らしい先生の話です。

ある学生の高校時代の先生は、授業中に机間巡視をしていたところ、授業とは関係なく太宰治を読んでいた生徒を見つけたそうです。課題ではない本を授業中に読んでいたのですから叱るのかなと思って見ていたところ、その先生はただ一言、「太宰の毒に勝てるか」と声をかけたのだそうです。

そんな言葉がいきなりスパッと出てくるとは、カッコ良すぎるではありませんか。太宰という存在をよく知っているからこそ出てくる言葉です。

そんな言霊力のある言葉を言われたら、心に残ります。それを聞いていたまわりの人たちも忘れられなくなる。そんな印象的な言葉を生み出す読解力とコメント力が素晴らしいと感服したものです。

本を読む時には行間を読むことが大事とよく言いますが、文章の裏に何があるか考えて読むのは楽しいものです。

ドストエフスキーの作品を翻訳されている江川卓さんの著書に、『謎とき「罪と罰」』（新潮社）という本があります。ロシア文学者である江川さんが、『罪と罰』の中のいろいろな謎について考察、解明するという内容です。

その中でとくに面白かったのは主人公のロジオン・ロマヌーイチ・ラスコーリニコフという名前が、イニシャルにすると英語表記ではＲＲＲ、ロシア語ではＰＰＰになるという部分です。人口比率からこのイニシャルになる確率はどのくらいかと江川さんが調べたところ、かなり珍しい確率だったのだそうです。

ドストエフスキーの創作ノートを見ると、途中までロジオンはワシーリイであり、ＰＰＰではなくＢＰＰでした。となると、意図的にＰＰＰにしたのは明らかです。

そして、このＰＰＰを並べて裏側から見ると６６６と読むことができます。６６６は黙示録の中の悪魔の数字と言われているものです。

「オーメン」という映画があります。悪魔の子ダミアンがやがて人々を支配してゆくストーリーですが、ダミアンの頭に６６６という刻印があります。聖書で「獣の数字」とされている不吉な数字が浮かび上がるのです。

文学者というのはものすごい仕掛けを作って、常人には及びがつかないレベルでそれを入れ込んでいるものです。ラスコーリニコフという名前自体も、ロシア正教から分離したラスコーリニキ、分離派につながる名前ということです。

その名前どおり、殺人を犯す時は老婆の額を二つに割って、つまり分離させています。このようなことはロシア語に詳しくないと本来わからないのですが、江川さんの解説を読んでいると、ここまで深く考えられているのかという感動があります。

読み手側に行間や背景を読む力があれば、本というのは文字だらけに見えながらも、実は余白だらけ、行間だらけなのではないかと思えるのです。「行間を読む力」が、言霊力を呼び起こすのです。

思わず引き込まれる摩訶不思議な世界

戯曲『ファウスト』は、ゲーテが六十年くらいかけて作り上げたものと言われています。悪魔と契約したり、時空を超えて自分が若返ってもう一度恋をしたり、伝説の美女ヘレナと出会ったりするのですが、すべての世界が、読んでいるうちに夢の中のような感じになってきます。

ゲーテと深い交流のあった作家、エッカーマンがまとめた『ゲーテとの対話』（岩波文庫）によると、ゲーテ自身が『ファウスト』を評して「おぼろげなところが人を惹きつけるのだ」と言っています。詩的なセリフの戯曲です。ゲーテは詩の方が散文よりも読む側の人がいろいろ想像して考えてくれるとも言っています。

書き手と読み手の共同作業が読書です。作品はそれ自体で完結するわけではなく、読む側によって意味も解釈も変わってくるのです。

単純なストーリー、たとえば『桃太郎』でさえ、鬼の視点から読めば「こんな酷い目に遭わされるのは理不尽だ」という解釈ができるでしょう。アニメ化された『桃源暗鬼』や『ピーチボーイリバーサイド』は鬼目線です。いい作品は多様な読み方、多様な感じ方を可能にしてくれるのです。

ガブリエル・ガルシア＝マルケスの『百年の孤独』（新潮文庫）は文庫化されて、今また人気が出ているようです。この作品は魔術的リアリズムという手法で書かれたもので、日常と非日常が混じり合ってすべてが夢の中で起きたことのように感じられます。

南アメリカの架空の村マコンドを舞台に、地面に円を描き続けてそこから出られない男が出てきたり、突然きんぬき鶏の話が出てきてずっと続いたりと、常識では理解できない出来事が次々と繰り広げられます。そして、それが南アメリカの運命を象徴しているとも言われています。

私はある時期、夜寝る前にこの『百年の孤独』を毎晩十ページから二十ページ読むことを習慣にしていました。すると、だんだんその小説の内容が、自分の夢の一部であるかのように感じられるようになってきました。そしてついには、その不思議な世界に慣れてきてしまって、自分のアナザーワールド、パラレルワールドのような気さえしてきたのです。

文学の神も細部に宿る

今は文学をあらすじで読むといったタイプの本もあります。内容を知るためには確かに便利です。けれども、あらすじは文学の本質とはいえません。

実用書は要旨が大事だと思いますが、文学とは細部に神が宿るものなので、あらすじだけを読んで終わりでは、もったいない。

味わいながら読む読書を「味読」と言います。今はあまり使わないようですが、昔はよく味読という言葉が使われました。本来、それこそがいい小説の読み方だと思うのです。

『百年の孤独』のような作品は、独自のワールドに入り込めるかどうか、ワールドの中で自由に遊べるかどうかが大切です。優れた小説は最初の一行目からそのワールドに引き込んでくれます。

この小説は、「長い歳月が流れて銃殺隊の前に立つはめになったとき、恐らくアウレリャノ・ブエンディア大佐は、父親のお供をして初めて氷というものを見た、あの遠い日の午後を思いだしたにちがいない」という文章から始まります。

氷を初めて触った少年は、「煮えくり返ってるよ、これ!」と驚き、父親はそれを世界最大のダイヤモンドと勘違いします。銃殺隊の前に立った時に、そんなシーンを思い出したという話から始まるのです。こんな始まり方では、もう先を読み進めずにはいられません。

そんなふうに、ワールドに引き込まれていく快感が本の魅力です。

登場人物が、それぞれの個性を持って生きて話しているかのように感じられるのが大切です。ミハイル・バフチンというロシアの文芸批評家はそれをポリフォニーと呼びました。

ポリフォニー、つまり多声音楽とは、多くの人が歌っているという意味です。それに対してモノフォニーとはひとりで歌うものです。

あまり上手ではない小説の場合、作者があらゆるキャラクターを操っているように見えてしまうことがあります。一人ひとりが生きて喋っているように思えず、ストーリーを展開させるためだけに動いているように感じられると、ちょっと興醒めな気分になってしまうでしょう。

ドストエフスキーの小説はポリフォニー的です。そしてカーニバル的、つまり祝祭的であるといわれます。祝祭的というのは、エネルギーが爆発してどうなるかわからない状況です。個性的な登場人物がそれぞれ勝手なことを行い、出来事が思わぬ展開を見せる様子が、まるで人々が生きてそこにいるかのように見えるのです。

『竜馬がゆく』を書いた司馬遼太郎さんは、そんな物語を作り上げるのがとても上手でした。「だぜよ」と語るテレビドラマの龍馬は、ものすごく印象的なキャラクターです。

そのイメージが強烈であったため、武田鉄矢さんなどは自分のバンドに「海援隊」という名前をつけました。お会いした時、「友人に自分のことを龍馬と呼ばせていた」と話されていました。そのくらい惚れ込んでいたそうです。

ただし、『竜馬がゆく』の龍馬像は史実と違うことが多いことがわかってきています。歴史家が調べてみたところによれば、龍馬のエピソードには事実でないものも多く、歴史に決定的な影響を与えたような人物でもなかったそうです。どうやら、司馬さんの人物造形のうまさが素晴らしかったというのが真相のようです。

これもまた小説の力であり、司馬さんの言霊力です。

耳で聴く読書の心地よさ

読書の際に解説は不要、まっさらな状態で読むのが好きな人もいらっしゃるかもしれません。ネタバレは別として、私は読む前、後を問わず、解説書を読むのが好きな方です。

解説を読むことで、新しい発見や深い解釈を知ることができて、ありがたみが増すように感じることができます。自分が気がつかなかったこと、言われてみればなるほどと納得できることを知り、さらに理解が深まるからです。

今の時代はいろいろな解釈に触れることができて、作品をより深く理解することができるようになってきました。インターネット上でいろいろな書評を読むこともできますし、YouTubeにもあれば、Amazonのレビューもあります。

とくに読後に、レビューを読んで自分では気づけなかった視点を知ると、「へぇ」というお得感があります。

耳で聴く読書もいいもので、美しい言葉が心にすっと染み込んできます。

大学の授業で学生に、ＳＮＳかYouTubeで何か気になるコンテンツがあったかと尋ねたことがあります。その時、YouTubeの朗読が好きと答えた学生がいて、夏目漱石の朗読作品、とくに『夢十夜』、それも「第一夜」が素晴らしいと言うのです。

「百年待っていて下さい」というセリフが有名な作品です。

せっかくなので、その場で流してみることになりました。クラス全員、二十人くらいで聴き入ったところ、想像よりも遥かに素晴らしいものだったのです。

ただし、その作品を聴く間に集中力が途切れてしまったと言う学生も少しいたのです。本を読み慣れていないと、言葉を通して作品に没入する集中力がないこともあるのです。集中力を鍛えるためにも、朗読CDやラジオの朗読のようなものを聴くのはとてもいいのではないでしょうか。耳で聴いて頭の中で想像すると視覚が開放されるため、読書よりも頭の中のイメージに集中できるという利点があります。

YouTubeには朗読作品がとても多く、歌舞伎のセリフなどもすぐに見つかります。「人間五十年下天《げてん》の内をくらぶれば夢まぼろしの如くなり」というのは幸若舞《こうわかまい》の「敦盛」の一節で、織田信長が好きで舞ったということで有名です。あの信長がと思うと、歴史的な価値も増すような気がしませんか。YouTubeの中にはそのようないい芸能作品がたくさんあります。

以前に比べて、作品に親しむための間口、入口が広がっています。以前は、そのような一流の方の芸能を簡単に鑑賞するなどできませんでしたし、探すのさえも難しい時代でした。

以前は、ビデオやＣＤで歌舞伎の名台詞集を探すのも難しかったりもしました。もっと古くなると、録画もない、録音もない時代でした。

一流の作品に出会う機会は、確実に広がっているのです。

人から人へ言葉で伝える伝統芸能

私は謡《うたい》と仕舞《しまい》を習っていたことがあります。先生が謡を習った頃はテキストすらなく、すべて口移しで覚えたということでした。

私が教えていただいた時にはテキストはありました。声を出す時は、おへその下に息を当てるように意識しながら、先生がやってくださるのを復唱するという覚え方でした。

かつては仕舞にしても当然映像などありませんので、人が舞う様子を見てその場で覚えなくてはなりません。そうして一曲覚えるのは、かなり大変なことです。

しかも、それほど大変な思いをして覚えたとして、主役であるシテとしてその作品を舞台の上で舞う機会は一生に一回あるかないか、という感じなのだそうです。

いつ来るかもわからない、来ないかもしれないその日のために、それだけの苦労をして身につけるのです。そうすると、その人は自分の体の中に無形の文化遺産を有していることになります。なんとかして伝えていかないとならないという気持ちにもなるでしょう。

身体から身体へと伝えるのが、口伝《くでん》です。本当に口伝だったと実感できるのが世阿弥の『風姿花伝』です。門外不出だったこの作品には、この一門がどうやって生き残っていくかという秘訣が書いてあります。

「秘すれば花なり」とは、花（珍しいもの）をすべては見せずに、隠しておくことです。たとえば興行初日に全部見せてしまうと飽きられてしまうから、なにかを隠して常に新鮮味を出す。いつでも、あっと驚くようなことをしなくてはならないと伝えているのです。

能というと今では保守的な古典芸能のように思いがちですが、当時はいつも新奇な驚きを与えるような、人々をいつもあっと言わせるようなものでなくてはならないと世阿弥は考えていたことがわかります。飽きられたら終わりという、一門の壮絶な戦いだったのです。

『風姿花伝』という本自体、秘伝の書でした。

アイデア上手のカリスマ世阿弥

そんな工夫の中から、「夢幻能《むげんのう》」という形式が世阿弥によって完成しました。これはとても面白い仕掛けです。ワキ（脇役）の旅の僧の前にシテ（主役）が登場して、名所案内をします。「ここは何々の名所でこんなものが有名」というようにわりと普通に始まるのですが、そのうちここではこれこれこんな事件があったと物騒な展開になります。そうこうしているうちにこの主役が霊的な存在であることが明らかになり、成仏できずに暴れ出すのです。

能の舞台は結構響くもので、足をどんどんと踏み鳴らすと大きな音になります。能の舞台の下に、音が反響するように陶器が設置されており、そんな音響効果もあいまって、不気味な雰囲気が広がります。

成仏していない霊の言い分や心残りを旅の僧が聞いてあげることでめでたく霊は成仏するという仕掛けです。どこかで時空が変わって、夢幻のような世界に入るようになっているのです。

全体が旅の僧の見た夢または幻だったという意味で、夢幻能と呼ばれます。

この世にはない世界を組み合わせるという仕掛けが強力で、いろいろな物語をそこに入れることができるようになっているのです。この夢幻能という仕組みは大きな発明でした。霊を成仏させるという発想を取り入れると、いろいろなエピソードを作品化できるのです。よくぞ室町時代にこんなクリエイティブなものを作ったものだなと、世阿弥の素晴らしいクリエイティビティに感動します。

古典芸能を伝えてきた方の話を聞いたことがありますが、古典芸能を現代に伝えるのはとても大変なことで、とくに明治時代あたりが困難だったとのことです。

体から体へ言葉を伝えるのが基本です。台本という形になっていたとしても、それをどう読むかは人から人へ伝えなくてはわかりません。代々、口移しで伝えられてきたものが、それが今の時代にまで伝わっているのは、ある意味奇跡のようなものかもしれません。

語り継がれて一万年

『一万年の旅路』（翔泳社）という本があります。ベーリング海峡は氷河期には陸続きでした。ユーラシア大陸からアメリカ大陸に渡ってきたネイティブアメリカンに伝わる伝承の話です。

当時定住していたアジアから、北米に渡り、五大湖の近くにたどり着くまでの出来事が書かれています。

一万年前から、代々語り継がれてきた話です。その中には多少のズレもあるかもしれませんが、一万年も語り継がれた物語が残るなどということがあるのだろうかとさえ思います。

物語となって語り継がれて一万年、今でもそれを語れる人がいるというのも驚きです。

日本にも、民話のように代々語り継いできた物語はあります。たとえば、『遠野物語』は遠野地方の伝承をまとめた作品としてあまりにも有名です。

その中に「寒戸《さむと》の婆《ばば》」という話があります。

ある時少女が神隠しにあいました。その時は見つからなかったのですが、何十年も経った時に不意に帰ってきて、また去って行き、寒戸の婆と呼ばれたという話です。当時の神隠しがどのようなものであったのかを彷彿とさせる話です。そのほか、座敷童子《わらし》の話もあまりにも有名です。

遠野では昔から多くの言い伝えがあって、『遠野物語』はそれをまとめたものです。地元の口承文学を採集していた佐々木喜善《きぜん》が語ったものを、柳田國男が聞きとって出版しました。佐々木喜善はのちに、さらに多くの話を『東奥異聞』などにまとめています。

柳田國男の文章と、佐々木喜善の文には、結構違いがあります。柳田國男の文はシュッとまとまっていて文語体に近いのですが、佐々木喜善の方は語りに近く柔らかい文章です。それぞれに言霊の力を感じます。

このような素晴らしい伝統に触れると、言葉のありがたみをつくづく感じます。

今こそ百人一首を覚えよう

言霊の力を実感するには、毎晩、寝る前に百人一首を一首ずつ覚えるというのはおすすめです。百首まで到達したらまたもとに戻れば、程よく忘れていて、何周でも楽しめるのではないでしょうか。

藤原定家の『百人一首』、足利義尚《よしひさ》の『新百人一首』に続いて、丸谷才一さんが編んだ『新々百人一首』もあります。これもぜひ味わってみてほしいと思います。

『吾妻鏡』という鎌倉時代の記録文学に、源頼朝が西行に会いたがったという記述があります。ふたりは実際に会って、頼朝が西行に「和歌のことを教えていただきたい」と乞うたところ、「自分は自然に作っているので技術的なことはわかりません」と遠慮がちに返したのだそうです。

他にも、弓について話を交わし、それをきっかけに頼朝は流鏑馬《やぶさめ》を奉納したという話も残されています。文化を尊ぶ気持ちが武士にもあったのです。

頼朝と政子の子どもである実朝《さねとも》は鎌倉幕府第三代の征夷大将軍で、最終的には暗殺されてしまいます。彼は『金槐和歌集』の作者です。定家に師事していたこともあり、優れた和歌を多数遺しています。

豊臣秀吉も欲の深い人という印象がありますが、千利休との交流も深く、文化に対する理解はかなりのものでした。金の茶室など、一見侘び寂びの精神と明らかに違いがあるように感じられますが、赤瀬川原平さんが『千利休　無言の前衛』（岩波新書）の中で、三畳一間の侘び寂びの部屋と金の茶室とだったらどっちに入りたいかといえば金の茶室かも、というようなことを書かれていて、確かに秀吉のセンスも侮れないと感じたものです。

侘び寂びだけがお茶ではないと思わせるものが秀吉の面白さであり、それによって利休の世界もより際立つのでしょう。

漫画『へうげもの』は、そんな戦国時代、織田信長と豊臣秀吉に仕えた実在の武将、古田織部《おりべ》が主人公の作品です。彼は武将でありながら、茶の湯への興味が膨らみ、斬新なデザインの陶器を作って、織部焼を創始しました。戦国時代の武将たちを文化面から描き、ただの侘び寂びではない奥行きを軽妙に描き出していて、とくに当時の戦国武将たちが集まってお茶を飲んでいる光景など、漫画とはいえとても優雅で面白いのです。

連歌を作ってみよう

鎌倉時代から室町時代にかけて盛んに行われた連歌もまた面白い伝統です。これは、誰かが作った五七五の上の句と七七の下の句を交互に複数人で重ねてゆくもので、歌仙を巻くという言い方もしました。基本的には三十六句を一区切りとしています。記録に残すことが目的ではなく、皆で歌を作っている時間そのものを楽しむものだと松尾芭蕉も言っています。

尾形仂さんの『座の文学』（講談社学術文庫）によれば、誰かの作った作品に他の人がつけ加えてゆくのは世界の文学の中でも珍しい形式らしく、皆で車座になってそれを行うのがなんとも日本的な面白さです。
○○といえば○○と、前の人の言葉を受けてどんどんつなげていく方式は、究極のコミュニケーションではないかと思います。
私は、雑談をするにしても「○○といえば」方式が好きです。普段のコミュニケーションでも、相手の言った言葉を受けて「○○といえば○○だよね」とつなげると、話も広がり、連帯感も生まれます。

この、連歌式「○○といえば」コミュニケーション法を身につけたら無敵ではないかと考え、大学の授業でも課題に出すようになりました。まず、三人一組になって、はじめの人に十五秒ほど近況報告などを語ってもらいます。そして、私がハイと声をかけたタイミングで話者を交代し、次の人は前の人の中の言葉を受けて「○○といえば」と話し始めるのです。喋る内容をあらかじめ用意できず、その場で考えなくてはならないので、会話力が鍛えられます。

私の授業には教師を志す学生が多いので、なかなか器用に話を回します。三人一組であっという間に二十周したこともあり、聞いている方も楽しいものです。

「全力！脱力タイムズ」という番組でも、ある言葉を私たち解説員がパッとつかんで、「○○といえば」という形で、それまでとは全く違う専門的な話をするというギャグのようなやり方がありました。

たとえばダニの専門家である五箇公一先生は、もとが政治の話や経済の話であっても、どんな言葉を受けてもダニの話になるのです。「○○といえば」を無理にでも自分の専門に寄せるという、連歌的なつながりを前提にしたギャグです。

連歌というほど力まなくても、五七五がきたら七七をつける、また五七五をつけるとつなげていくのは意外と気軽にできるのではないでしょうか。

私の講義では、出席の返事も五七五で行うようにしています。名前を呼んで「ハイ」だけでは面白みがないので、返事の代わりに近況報告を五七五でやってもらうのです。あるいは、ちょっとした報告を五七五七七でやってもらうこともあります。言葉で遊んでいるような感覚もあり、そうこうするうちに、誰もが五七五形式に慣れてゆきます。

言葉を積み重ねて物語を紡ぐ

「回し作文」という課題もあります。四人一組になって、ひとり一文ずつ冒頭の文を書いたら、一斉に紙を回して次の人がそれに続きを書く形式です。これを続けていくと、ひとりが考えた文章ではないので、思わぬ展開になっていく面白さがあって、個人の展開力が試されます。

学生の中には冒頭の一文を工夫してくれる人も多くてそこからして面白くなってきます。たとえば、「その八百屋にはトマトしか売っていなかった」。そんなふうに始まると、それは何故だろう、これから何が起こるのだろうといろいろ想像が膨らみます。唐突で面白い冒頭の文章には発想力が刺激されて、どんどん面白い展開になります。

四人で回しながら作る「回し作文」を楽しく感じるのも、連歌の伝統がある日本ならではの感覚かもしれません。

紙に書いて回すのもいいのですが、これをその場で顔をつき合わせながらLINEでやってみたこともあります。ひとつの物語を複数人でどんどん語り継いでいくと、風情のある作品ができて盛り上がるものです。

以前、私はある雑誌で何年かにわたって映画の批評文を書いていました。ただ書くだけでは面白みもないし、私の力が余ってしまうので、何百字かの原稿をすべて五七五で書いていたのですが、残念なことに誰からも褒められませんでした。私自身はものすごく面白いし、奇跡的ではないかと考え、「そんなことができるのか！」と驚いてほしかったのですが、誰にも驚いてもらえなくて寂しい思いをしたものです。

江戸時代の人と一緒に笑えたら

『万葉集』は量も多く、近づき難いと思う人もいるかもしれません。けれども岩波現代文庫から出ている折口信夫《しのぶ》の『口訳万葉集』はわかりやすくて、誰にでも親しみやすいのではないかと思います。

『古今和歌集』については、本居宣長が口語訳をした注釈書『古今集遠鏡《とおかがみ》』（東洋文庫）があります。江戸時代に書かれたものとはいえ訳文は現代訳に近く、私たちにもわかるものになっています。それに、本居宣長の口語訳を読めるのは貴重な機会ではないでしょうか。平安時代の歌集を、江戸時代の口語訳で、令和の時代に読むというのも時代の奥行きが感じられていいものです。

江戸時代の文学といえば、十返舎一九《じっぺんしゃいっく》の『東海道中膝栗毛』や式亭三馬《さんば》の『浮世風呂』のような滑稽本もあります。これも今の言葉とあまり変わらない感覚で読むことができます。

向こうから歩いてくる女性たちに、いい男に見せようと喜多《きた》さんが頰かむりをします。女性たちは、喜多さんを見て、くすくす笑います。弥次《やじ》さんが、「おまえがしているのは手ぬぐいじゃなくてふんどしじゃないか」とツッコミます。

喜多さんは、「旅の恥はかき捨てだ」といって狂歌を作ります。

手ぬぐいと　思うてかぶる　ふんどしは

さてこそ恥を　さらしなりけり

さらしがシャレになっていて、笑えます。

江戸時代の人が笑っていたように、私たちも笑えたら素晴らしいことです。時を超えて、江戸時代の人と感覚を共有することができたら嬉しいと思いませんか。

YouTube のお笑い動画を見て爆笑するように、江戸時代の滑稽本で爆笑するというようなことが当たり前になるといいなと思っています。そのような発掘作業が、自分の一生の仕事のような気さえしているのです。

第3章

魂を震わせる言葉を耳で聴く

いつまでも色あせない流行歌の秘密

言霊をはっきり感じられるもの。

それは、歌です。歌詞は、心の深くに入ってきます。

文の暗記が苦手な人でも、歌詞は覚えてしまう。感情と言葉が一体となって心に刻みこまれるのが、歌詞の言霊力です。

私はあらゆる言葉に触れるのが好きです。古典ももちろん好きですし、新しいものも好きです。言葉を愉しむというとまず読書を思い浮かべることが多いと思いますが、曲の歌詞を聴くことも、インタビュー番組やお笑い動画で人の喋りを聞くことも、私が好きな言葉の愉しみ方なのです。

大学の授業では、英語の先生を目指す学生に、日本語の歌を英語に訳して歌ってもらうという課題を出しています。一見難しそうに思えるかもしれませんが、学生たちは器用にいい訳をつけて英語で歌ってくれます。

ある時は「津軽海峡・冬景色」を英語バージョンで歌った学生がいて、素晴らしい歌詞と歌唱でたいそうウケました。けれども、歌った後に学生がつくづく言うのです。「先生、やはりこの歌は日本語の方がいいですね」。その場にいた一同、ああ、やっぱりそうだよね、となったものです。

「津軽海峡・冬景色」を作詞した阿久悠さんは、明治大学出身の大作詞家です。阿久悠さんが作られた傑作はとても多いのですが、それぞれに雰囲気があって、なかなか伝わりにくい風情や感情も、その言葉によってぐっと心に入り込んできます。

作詞家は、詞を作る能力に長《た》けているだけではなく、何がその時代の人たちに共感してもらえるかという能力にも優れているのです。

天才的な言語感覚を持った人でも、世間に受け入れられなければ作詞家として一流とは言えません。とくに流行歌の場合は、いかに多くの人たちの心を摑むかが問われます。詩人は誰かに評価されなくても詩人ですが、作詞家はそれでは務まらないのです。

阿久悠さんの傑作のひとつに沢田研二さんの「勝手にしやがれ」がありますが、曲の雰囲気に合ったタイトルが素晴らしい。

このタイトルのもとになっているのはジャン＝リュック・ゴダールの同名の映画で、歌詞の内容が映画へのオマージュになっています。

そもそも、この映画の邦題が素晴らしいのです。フランス語の原題を日本語訳すると「息切れ」なのですが、さすがにそれでは映画のタイトルに向いていないとなったのでしょう。「勝手にしやがれ」という邦題をつけた方のセンスも秀逸でした。「勝手にしやがれ」は一九七七年にリリースされたのですが、翌年、この曲に対してのアンサーソングとして発売されたのが山口百恵さんの「プレイバックＰａｒｔ２」です。歌詞の中に「勝手にしやがれ」というフレーズが出てきます。この曲の作詞をした阿木燿子さんと阿久悠さんは、明治大学の先輩後輩の関係です。

かつて私が阿木燿子さんと対談させてもらった時、その曲の話になりました。阿木さんは、「あれは阿久悠さんに対する挑戦状よ」とおっしゃっていました。おふたりは仲も良かったそうで、阿木さんの阿久さんに対するリスペクトあってこその名曲だったのだなと思います。名作詞家たちによる素晴らしい言葉の応酬という感じがします。

ちなみにサザンオールスターズの「勝手にシンドバッド」は、当時流行していた「勝手にしやがれ」とピンク・レディーの「渚のシンドバッド」を組み合わせたというなかなかにハチャメチャなタイトルのつけ方ですが、こんな遊び心によって名曲が連鎖してゆくことになったのです。

本歌取りの伝統から生まれる名曲

アンサーソングというのは、もともとある歌に応える形で作られた曲の歌のことで、和歌で言えば本歌取りのようなものです。そもそも和歌自体も、オマージュのように他の歌の語を取り入れて自分なりの表現をすることが多いのです。

阿久悠さんが作詞をして森進一さんが歌った「北の螢」には、乳房を内側から突き破って飛び出すという赤い蛍が描かれていますが、実に鮮烈なイメージだと思いませんか。

和泉式部に、「もの思へば沢の蛍も我が身よりあくがれ出づる魂《たま》かとぞ見る」という歌があります。沢の蛍、つまり川の蛍が、我が身から出てきた自分の魂のように見えるという歌ですが、阿久悠さんはこの歌へのオマージュとして「北の螢」を描かれたのではないかと思います。和泉式部の歌を現代化し、それをあの森進一さんの声で歌い上げるという、大迫力の作品として蘇らせたのです。

カラオケボックスができる前、私はスナックでよくこの「北の螢」を歌っていました。カラオケが友だち同士の閉じた世界ではなかった時代のことです。私は和泉式部を思いながら歌いました。その言葉が他のお客さんにも届いたかはわかりませんが、当時のカラオケには社会性があったのだなと感じます。

歌には魂を揺さぶる力がある

優れた歌手の方からは、いつも訴える力の強さを感じます。「うたう」は、折口信夫によれば、歌はもともと「うったふ」（訴える）を語源としているそうです。訴える力を持たない人は、どんなに音程が正しくても歌手とは言えないのでしょう。

聴くものの魂が揺り動かされなければならないので、それができる人が本物の歌手、歌い手ということになります。

言霊を感じさせる力が、「うったふ」力です。

そのためには、歌う人の声が重要な要素になります。魂を揺さぶる声の持ち主である森進一さんが歌うからこそ、名曲「おふくろさん」はあれほどに素晴らしいのです。「おふくろさん」という言葉の繰り返しは、なかなか歌になりにくいのではないかと思えるもので、実際、文字だけ見ると微妙なのですが、日本人はあの冒頭の一節だけで魂を揺さぶられます。素晴らしい歌手であるからこそ、よくある言葉にも命を吹き込むことができるのでしょう。

歌には魂が込められています。誰の声で歌うかによって印象が変わるので、この歌はこの人以外には歌ってほしくないという思いがある方もいるのではないでしょうか。

私は中森明菜さんが大好きで今もよく過去の映像を見るのですが、「TANGO NOIR」などは中森明菜さんが歌うからいい、この曲は中森明菜さんだけに歌ってほしいという思いがあります。その世界観が表情や仕草に見事に表れていて、凄烈な世界観を表現できているのです。「難破船」にも、言霊力を強く感じます。

松本隆さんが作詞した「二人静」も素晴らしいものです。その世界観には怖ささえ感じるのですが、ライブの映像が非常に美しく出来上がっていて、他の人にはこの世界は表現できないのではないかと思われるほどの整い方を感じるのです。

「待つわ」から「卒業」へ

歌い手の声の雰囲気に合わせて、こういう言葉が合うのではないかというイメージに沿って曲が作られることもあると聞きます。

斉藤由貴さんがミスマガジンでグランプリをとってデビューすることになった時、曲の方向性を決めるために五曲ほど歌ってみたそうで、そのうちの一曲が松田聖子さんの「夏の扉」でした。その時の音源を聴いたところ、これがものすごく上手で驚いたものです。

ところが、その時歌った曲の中にはあみんの「待つわ」もあり、それを聞いた松本隆さんと作曲家の筒美京平さんは、この曲がいちばんいい、この方向性で行こうと意見が一致したそうです。それで生まれたのが、デビュー曲の「卒業」です。

そう言われてみると、「卒業」と「待つわ」には共通する空気感があります。この声にはこの世界観が合うと、作曲家と作詞家のふたりがピタッと合うのが素晴らしい。そして、天才二人にかかればあみんの「待つわ」の世界観から「卒業」という曲が生まれるのかと深く感じ入りました。

松本隆さんは時折、テレビ番組に私を呼んでくださって、二人セットで出演することがあります。私はもちろん嬉しいのですが、「皆さん松本さんのお話を聞きたいのだから、私がいない方がいいのではないですか」とお話しするのですが、「いやいや齋藤さんがいないと」と言ってくださいます。

私はそう言われてとても喜んでしまうのですが、よく理由を考えてみると、ご自分の歌詞の良さを自分で褒めるのはなんだか気恥ずかしいからではないかと思うのです。その点、私は松本隆さんを心から素晴らしいと思っていて、いつでもどこでも褒めまくりますので、お役に立てているのかなと思います。

作詞家は、言葉で感動を与え、どれだけの人を幸せにするのか、はかり知れません。流行歌を作るというのは、素晴らしい社会貢献だと思います。

ピンク・レディーの衝撃的な世界観

ピンク・レディーのデビュー曲「ペッパー警部」も、当時としては衝撃的な曲でした。都倉俊一さんが、アーティスト名をお酒の名前にちなんで「ピンク・レディー」にしたネーミングもすごいと思いますし、当時売れていた飲料のドクターペッパーを意識した曲名も印象的でした。

ペッパー警部とは一体どこの国の、どんな人なのかと思いますが、意外なことにそのルーツは昭和三十一年のヒット曲。「ペッパー警部」は、曽根史朗さんが歌ったヒット曲「若いお巡りさん」のアンサーソングになっているのです。過去の曲へのオマージュとして阿久悠さんが作った歌詞が、日本中の子どもたちが真似をして歌うようになったのも面白い話です。

「サウスポー」も独特な世界観を描いた曲でした。男社会のプロ野球の世界でフラミンゴ打法の王貞治さんに女性投手が対峙する設定で、敬遠策などとらず「逃げないで勝負する」というシチュエーションを描いています。これは、女性初のプロ野球選手を主人公にした水島新司さんの人気マンガ、『野球狂の詩』から着想を得たものだそうです。

そんな歌詞を次々と生み出した阿久悠さんが、インタビューで「作詞をする時に一番大事なのは何ですか」と質問されたことがあります。すると、スパッと一言「時代です」とおっしゃいました。

時代という答えにもドキッとしたのですが、質問が終わるか終わらないかのうちに答えるほどのスピード感、言い方の強さに、時代を作るクリエイターとしての覚悟があるのだなと感じたものです。

「木綿のハンカチーフ」はひとつの物語

松本隆さんは松田聖子さんの曲を多く作詞されていますが、印象的だったのが太田裕美さんの「木綿のハンカチーフ」です。

それまで、歌謡曲にはあのような長いストーリー仕立ての曲がなかったそうです。内容が往復書簡ですから途中で視点も変わりますし、ストーリーが進んで最後になるまで「木綿のハンカチーフ」が何を示すのかわからないのも斬新でした。

最後まで聴かないとタイトルを回収できないし、かといって最後だけ歌っても意味がわからないので、テレビ番組でも扱いにくかったようです。けれども、松本さんから伺った話では、規格外であることは承知の上で新しいものを作ろうという気概があったのだそうです。

松本さんは、こんな長くて難しい詞にそう簡単に曲はつけられないだろうと思っていたのですが、作曲家の筒美京平さんがはじめは苦悩したものの、やってみたらすんなりいい曲ができて松本さんもびっくり、というエピソードがあるそうです。

地元で待っている女性と、都会に出てどんどん変わっていく男性のあの描写は、昭和のあの時代らしい空気感を感じます。松本さん自身は港区の青山育ちで生粋の都会人ですが、地方の人の気持ちになって書いたのだそうです。

松本隆さん作詞、筒美京平さん作曲で太田裕美さんが歌う「都忘れ」という曲もあります。これを聴くと麦畑に風がそよぐ映像が浮かびます。大切な人を忘れるということと花の名前が重なって、奥行きが出て味わいが出てきます。ちょっとした表現の妙ですが、こんなところに素晴らしさが光っています。

貫一お宮の悲恋からヒット曲が誕生

松本さんは、松田聖子さんの曲「瞳はダイアモンド」で、雨の矢たちという言葉を使いました。それを松田聖子さんが歌うと、いつも見慣れているはずの雨がまるで矢のように降る情景が目に浮かぶようで、しかも「たち」がつくことで一層くっきりと見える気がします。失恋した時、気持ちが沈んだ時に、時が止まって雨の矢が見える。

そんな表現に深みを感じます。

KinKi Kids のデビュー曲「硝子の少年」も松本隆さんの作詞ですが、宝石と書いて「いし」と呼ぶ部分があります。価値のあるはずの宝石を「いし」と呼ぶことで、そんなものに価値はないのだという意味を持たせるセンス、この振り仮名は日本語の妙味でもあるのでしょう。

これは『金色夜叉』ですねと松本隆さんに尋ねたところ、そうだとおっしゃっていました。尾崎紅葉の『金色夜叉』は、お金に惹かれて心変わりした許嫁《いいなずけ》のお宮に、貫一が激怒する話です。

「来年の今月今夜のこの月を僕の涙で曇らせてみせる」という貫一のセリフは有名ですが、別れのシーンで貫一がお宮を蹴飛ばす銅像が熱海の海岸にあります。この像、今では問題がありそうですが、この作品あってこその「硝子の少年」なのです。

そんなふうに、文学作品へのオマージュが込められた名曲は、探せばもっともっと見つかります。今は歌い手の方が歌詞を作ることも多く、それもいいのですが、難点があるとすれば曲が似てしまう点でしょう。作詞家はご自身が歌うわけではないので、さまざまな世界を自在に作れる面白さがあるのだと思います。

勇者ヒンメルの精神が現実を変える

アニメのテーマソングでは、作品の内容と関係のないタイアップ曲を主題歌にすることもあります。

その点、YOASOBIの「アイドル」や「勇者」は、原作そのままの世界観を歌っているので、その言葉が漫画やアニメが好きな人に刺さります。

「勇者」がテーマソングになっている『葬送のフリーレン』は、千年以上の寿命を持つフリーレンが主人公です。千年のうちの十年、勇者ヒンメルたちとともに旅したのですが、人間にとっては長い十年であっても、フリーレンにとってはわずか百分の一でしかないという切なさを、YOASOBIの歌がよく表現しています。

勇者ヒンメルは人間なので百年も経たずに寿命を迎え、彼が亡くなるところからこの物語は始まります。フリーレンはその後にも長い人生が残っているわけで、ヒンメルが亡くなっても私の中では生きているという言葉も、物語を知ってから聴くと深く心に迫ってくるのです。

同じくYOASOBIの「夜に駆ける」も、『タナトスの誘惑』という短い物語がもとになっています。

原作を知らないと歌詞の意味がわからない部分もあるのですが、それでも曲の世界観の素晴らしさであれほどのヒットになりました。

タナトスというのはフロイトの概念で、死への欲望です。そのような深い概念を歌詞にしているので、もとの作品を好きな人は作品を大事にしてくれているところが嬉しいし、もとの物語を知らなくても、その不思議な世界観に惹かれるのでしょう。

アニメと主題歌の関係性も、Ayaseさんの作詞によってレベルが格段に上がった気がしています。

「勇者」にちなんで言うと、勇者ヒンメルの精神が現実を変えたニュースがありました。

台湾の地下鉄車内で、男が刃物を振り回して乗客に怪我を負わせる事件が起こった時、たまたま居合わせた男性が果敢にも犯人を取り押さえたのです。

なぜ咄嗟《とつさ》にそんなことができたのかというインタビューを受けて、彼が語ったのは「勇者ヒンメルならそうした」という言葉でした。

これは『葬送のフリーレン』の中で、勇者ヒンメル亡き後、人助けをする時にフリーレンが言った「勇者ヒンメルならそうしたってことだよ」という印象的なセリフがもとになっています。

漫画の世界で造形された勇者ヒンメルの精神性が、台湾の男性に受け継がれていることの表れです。勇者ヒンメルの精神、あるいはフリーレンの勇者ヒンメルへの理解と言葉がその人にすっぽり入ってしまっているからこそ、咄嗟にそんな言葉が出てきたのでしょう。

これぞ、人と人をつなぐ言葉の力、「言霊力」です。

胸に刻む、肝に銘ずるという言葉がありますが、言葉には精神に作用するほどの力があるのだなと感じさせてくれる出来事でした。

「残酷な天使のテーゼ」に宿る言霊

「残酷な天使のテーゼ」や「淋しい熱帯魚」など数々のヒット曲を作った作詞家の及川眠子《ねこ》さんが中森明菜さんについて語った文章を読んだことがあります。

及川さんは、中森さんを歌うために生まれてきたシンガーだと感じ、歌唱力、表現力などというものを超えた場所に彼女はいたと言っています。

「そんな思いをさらに確信したのは、アニメ『新世紀エヴァンゲリオン』の主題歌である『残酷な天使のテーゼ』のカヴァーを聴いたときだ。

この楽曲は様々なサウンドにリアレンジされ、有名無名問わずいろんな人たちが歌ってくれている。

だけど、『残酷な天使のテーゼ』を彼女のような表現方法で歌うのは、それこそ（私が聴いた中では）彼女だけだった。

ざっと見るだけではきっと気付かないくらいの、作詞家が作品に密かに織り交ぜるテクニックや悪戯心、そして「伝えたいこと」。

相手の要望や意見に従って望まれるものを書く、それが職業作詞家の鉄則ではあるが、どんなものを書いていても、プロの書き手は必ずそこに自身のメッセージとも言える「何か」を含ませる。

私があの詞の中にそっと忍ばせた情念を、彼女はまるで楽曲の中から取り出すように表現していた。

言葉やフレーズは作詞家の手を離れたあと、言霊となって歌い手の胸に宿る。そして、歌い手はそこに新たな魂を込める。

中森明菜は、じょうずだよねぇ、聴いていて心地いいよねぇ、というだけの歌を歌わない。だからだろう、彼女の復帰を望む声は絶えることがない」(「中森明菜は、歌うために生まれてきたような人だ。作詞家が忍ばせた伝えたいことや情念を、楽曲の中から取り出すように表現していた」婦人公論.jp　二〇二二年六月十九日)

中森明菜さんが「残酷な天使のテーゼ」を歌ったアルバムは私も持っていて何度も

聴いています。カラオケで最も歌われた曲というほど幅広い年代に愛された曲で、カバー曲も多いのですが、その中でも、彼女の表現方法は他の誰とも違っていたというのです。

言霊というものが作詞家から歌い手の胸に宿り、さらに新たな魂を込められて声に乗って、聴き手の心に届くということです。この言霊力こそがまさに言葉にとって大切なことなのではないでしょうか。

言葉というのは、「言霊」と感じられるくらいでないと生きた言葉とは感じられないものです。歌い手さんがうまいというだけでは足りなくて、そこに何かが入っていないといけないのですが、その何かがいちばん大事なものなのでしょう。

作詞家本人が言葉の中にそっと潜ませた情念を取り出して歌っていたという力は、誰もが気づくほどの圧倒的な力です。だからこそ、中森明菜さんは疑いもなくスターだということになるのです。

この人はすごいと思わせるような、そして魂が震えるような言霊の威力を聴く機会は少なくなってきた気もします。

藤圭子さんと北島三郎さんのおふたりが、会場の注文に応じて流しをする動画が残っています。北島三郎さんの歌「兄弟仁義」のリクエストを受けて、北島さんは自分の歌だから「圭子ちゃん歌いなよ」と譲ります。するとと、藤圭子さんがあまりに素晴らしくて、会場は息を呑み、北島さんも思わず引いたという、そんなシーンが残されています。

藤圭子さんが美空ひばりさんの「みだれ髪」を歌っている動画を見た時には、そこにまさに言霊があるという強い感銘を受けました。

名曲をいろいろな歌手がカバーしているのを聴くと、それぞれに異なる言霊の表現方法があるのを知ることができます。「言霊感知力」のようなアンテナを持つと、世の中がもっと楽しくなるでしょう。

「青い珊瑚礁」が世界でも再評価

二〇二四年、韓国の人気K-POPグループ、NewJeansのハニさんが、ステージで松田聖子の「青い珊瑚礁」をカバーして大きな反響を呼びました。

それをきっかけに、韓国の人たちが松田聖子さんの原曲を聴くようになりました。その結果、韓国でも当時の松田聖子さんの素晴らしさを知る人たちが増えたのです。

カバー曲を聴くと、そこから受ける言霊の違いは、強い弱いだけではなく種類が違うのだという気がします。

同じ曲でも歌う人によって軽やかな印象にもなりますし、重い雰囲気にもなります。歌だけではありません、人が語る言葉も同様です。ブッダが語ったとされる内容も、ただ普通の人が語ったのではない、ブッダが語ったからこそ心に響くのです。それは、トータルな人格がそこにあるように感じられるからでしょう。

歌を聴いている時も、その人のトータルな何かが声に乗って感じられるのです。松本隆さんに、「歌にとって声はどれほど重要なのでしょうか」と聞いたことがあります。すると、松本さんの答えは「声がすべてじゃないですかね」というものでした。

松田聖子さんのあの声があるからこそ、彼女の歌の詞を書きたいと思っていたし、それが叶ってあのような作品世界を作ることができた。それも松田聖子さんあってこそだというのです。人の声には、人格すべてが乗るのかもしれないと思った瞬間でした。

素晴らしい歌声の持ち主、藤圭子さんや八代亜紀さんも、すでに他界されてしまいました。なんともったいないことだろうかと思います。けれども、ご本人亡き後も音源が残り、過去の作品を動画等ですぐ聴くことができます。今日はこの人の魂に触れた、明日はこの人の魂に触れようという楽しみ方をすることができるのです。

今こうして残っているということは、五十年後、百年後も残って、聴く人がいるんだろうと思うと嬉しく思う反面、ああこの時代はもう蘇らないのだという切なさも込み上げてきます。

一九八〇年代の日本の歌謡界は今とは少し雰囲気が違って、人気のある曲は日本中の誰もが知っている状態でした。あのような文化の水準はもう望めないのだなと思うと、郷愁も手伝ってか、時代が生み出す文化というものの価値を知る思いです。

お笑い動画の楽しみが止まらない

このように、私は今のヒット曲や過去の歌謡曲を動画で鑑賞するのが大好きですが、同様に、お笑いの動画もかなり楽しんでいます。

佐久間宣行さんのNOBROCK TV（YouTube）で、インパルスの板倉さんが女優の安田乙葉さんにイヤモニで指示を与え、お笑い芸人さんにドッキリを仕掛ける「ツッコまれたい女たち」という企画があります。

板倉さんが「ここからミュージカル風に」と指示をすると、安田さんは突然、歌って踊り出します。いきなり始まったミュージカルに、目の前にいるシソンヌの長谷川忍さんが戸惑うという回は面白くて印象的でした。

ちょっとした言葉の指示で上手に演技をして、それをネタだと知らない芸人さんが鋭いツッコミを入れていくという流れが、非常にクリエイティブなドラマを見ているような感じです。プロの人たちにかかるとこんなに面白くなるのかと感心しました。

板倉さんのちょっとした指示から、いろいろな現実が起こり、ストーリーが生まれ、最後に面白い展開が出来上がる。言葉には、このように自在に現実を作り出す力があるのだと感じます。

安田さんのボケに長谷川さんがツッコミを入れるシーンで、長谷川さんのツッコミがあまりにも速すぎるのに対して、「お笑い水槽が狭すぎるよ」という言葉で返すのも素晴らしいワードセンスです。

グッピーみたいな魚ならいいけれど、今ナマズみたいな笑いを取ろうとしているんだからもうちょっと泳がせてくれよ、ということなのですが、この「お笑い水槽」という板倉さんのワードセレクト、そして安田さんの絶妙なタイミングが素晴らしくて、これだからお笑いを見るのがやめられないと思ってしまうのです。

天才たちの超一流ワードセンス

芸人さんの中でも私はとりわけ小峠英二さんが大好きで、小峠さんのいろいろな作品のツッコミワードを収集しているほどです。

かつて『「いいね！」を集めるワードセンス』（ちくま新書）という本を出したことがありますが、もともと私が提案したタイトルは『クイズ小峠英二』でした。全編「Q　小峠英二はこの時なんと言ったでしょう」というような内容にしたかったのです。

あるコントで、小峠さんは陶工で、窯で陶器を焼いている師匠でした。ところが相方の西村さんは、その窯で隠れてピザを焼いてしまった。ふざけるなと言いながら食べてみたら、それがあまりにも美味しくて、その時に小峠さんは「これ○○みたいにうめえな」と言ったのですが、さて、○○に入る言葉はなんでしょう。

と、そんなクイズ満載の本にしたかったのですが、攻めすぎた内容だということで小峠さんを含め、広くワードセンスをテーマにした本になりました。

さて、先ほどのクイズの答えは「悪魔」です。悪魔みたいにうまい、「この悪魔を世に放て」と言って、小峠さんは陶器を作るのをやめて西村さんに弟子入りするというのがオチです。

「悪魔みたいにうめえな」とか「この悪魔を世に放て」というワードチョイスのセンスがキレキレな気がして、しかも小峠さんの声の強さでやるわけですから、面白くてたまりません。

そのような今生きているワードセンスを楽しもうとすると、お笑いを見るのがやめられなくなってしまうのです。皆さん天才的なセンスで、なぜこんな素晴らしいツッコミワードが出てくるのか、それもどうしてこんな瞬時に切り返せるのだろうと思うと感動せずにはいられません。

残念ながら『クイズ小峠英二』になり損ねたワードセンスの本ですが、その後、「全力！脱力タイムズ」で小峠さんと共演した時にお渡しすることができて満足しました。滅多に二ショット写真を撮ってもらうこともないのですが、その時ばかりはお願いしたものです。

人を傷つけずに切れ味鋭いツッコミをするのは難しいことですが、現代はそんな素晴らしいお笑いを簡単に楽しむことができます。たとえ、自分自身にお笑い芸人さんのように鋭いことを言うセンスはなくても、ワードセンスを味わうセンスがあれば、それを楽しむことができて幸せだなと感じます。

ワードセンスという点で言えば、やはり夏目漱石は超一流です。

『吾輩は猫である』を超えるタイトルはもう出てこないかもしれません。猫が「吾輩」と言っている時点で面白い。英訳で『I am a cat.』というと、だいぶイメージが違います。私と吾輩でも全く違います。日本語ならではの面白さです。

漱石のタイトルは、他にも『草枕』『夢十夜』など格好いいですし、『坊っちゃん』も『こころ』も素晴らしい。改めて、タイトル選びがうまいなと感じます。

そして、太宰治の『人間失格』。あれは、究極のワードセンスだと思います。『走れメロス』も素晴らしい。

「私は、信頼に報いなければならぬ。いまはただその一事だ。走れ！　メロス」「信じられているから走るのだ。間に合う、間に合わぬは問題でないのだ。人の命も問題でないのだ。私は、なんだか、もっと恐ろしく大きいものの為に走っているのだ」という疾走感もさすがです。

この作品、クライマックスでは「！」がよく出てきます。あの時代、本文の中に「！」が頻繁に登場するのも新鮮ですが、キレキレの言葉が奔流のようにあふれ出てくるリズムを加速させているようで、それが今の人の心にも刺さるのです。

ワードセンスの天才が綴る物語は、ストーリーの妙を楽しむのとはまた別の観点から感動を得ることができるのです。

他にも、ABEMAで千鳥がMCを務めるバラエティ番組「チャンスの時間」や爆笑問題の太田光さんとくりぃむしちゅーの上田晋也さんがやっている中京テレビの「太田上田」、これはYouTubeにチャンネルもありますが、私の大好きなコンテンツです。

お笑いにはお笑いの言霊があります。ぜひお笑いで明るい言霊を味わってみていただきたいと思います。

言葉で笑えるというのは、なんとも素晴らしいことなのです。

いい文章にはリズムも大切

古井由吉さんは芥川賞の選考委員も長くされていた素晴らしい小説家ですが、二十年ほど前に対談をさせていただいたことがあります。その時に聞いたお話が印象的でした。

いい文章がうまく出てこない時には、自分が音痴だと感じるのだそうです。言葉がうまく出てこないイコール音痴ということで、文章にもリズムが大切なのだと思わされます。

では、その時どうするかというと、夏目漱石を音読するのだそうです。すると音痴が治って、調子が出てくるのだそうです。小説家が自分の言葉の調子を取り戻すために、先輩小説家の作品を音読するというのは面白いと思いませんか。

言葉は頭で生み出すものと考えがちですが、身体全体が関わっているものらしいのです。それゆえ、漱石の『坊っちゃん』を音読することで、漱石の身体性を感じて調子が整う。しかも、森鷗外ではうまくいかない、なぜなら格調が高すぎるから、とのことでした。

そう考えると、昔の人も自分の言葉のリズムを取り戻すために、『平家物語』を音読したり歌舞伎のセリフを真似てみたりしていたのかもしれません。

昔は役者さんのセリフをよく真似したりしていたものです。「似ぬ声色でこゆすりかたり」というセリフが江戸時代の歌舞伎を代表する演目「青砥《あおと》稿花紅彩画《ぞうしはなのにしきえ》」、通称「白浪五人男」に出てきますが、声色を使うというのもまた、言葉の面白さのひとつです。

声色を使って思い出はより鮮やかに

誰かのモノマネをする時は、その人が乗り移ったような感じになるものです。

野球関係のYouTubeに、武田一浩さんのチャンネルがあります。明治大学出身の元ピッチャーで、現在はメジャーリーグの解説をしていらっしゃる方です。

かつて、明治大学野球部の名物監督として知られた島岡吉郎さんという方がいるのですが、武田さんが島岡監督の思い出を語る時に声色を使うのです。その、モノマネがよく特徴を摑んでいて面白く、島岡御大《おんたい》の言霊がよりリアルに蘇る気がします。

思い出の中の島岡御大はとても面白くてエピソードに事欠きません。駒澤大学と明治大学はしょっちゅう練習試合をしていたのですが、島岡御大が主審をしていた時の話です。

二アウトランナー一塁で駒大の四番が打席に立って、第一球の真ん中ストレートを見逃したところ、いきなり「ストライク、バッターアウト」と宣言したのだとか。一球目なのに三振ということはありえないのですが「駒大の四番ともあろう者があんな絶好球を見逃すとは何ごとか」と言って即刻アウトにしてしまったのだそうです。それに対して駒大の太田監督も島岡御大の言うとおりだと同意しました。

それを、モノマネでやるのがとても面白く、その人物が生きているかのように感じられるのです。島岡御大が本当に尊敬され、今も愛されていることが感じられ、モノマネをすることで言葉が身体性を伴って蘇るのです。

時々モノマネのうまい人、つまりは耳のいい方がいます。耳がよくて特徴を摑むのがうまいと、どんな人でも、どんなものでも真似できます。そういう方は、たいてい歌も上手いものです。

たとえば、森昌子さんのモノマネは素晴らしいものでした。どんな曲でも、一度聴いただけでその人に似せて歌えるというのです。

英語がよくわからなくても、耳が良ければ英語の発音がすごくいい。美空ひばりさんがそうでした。

ザ・ピーナッツのお二人も同様で、「エド・サリバン・ショー」で英語で歌っている様子を見ると、発音も素晴らしい。聴いただけで同じようにできるというのも素晴らしい才能です。

人の声色を真似できる人は貴重な才能の持ち主で、どこかで言霊のようなものを受け取っているような気がします。

大学には、私の真似をするのがうまい学生もいました。その姿を見て、あれ、自分はこんなにヘラヘラした印象なのかなと思ったのですが、そうやって自分の姿を客観的に見るというのもなかなか興味深いことだと感じたものです。

言霊は、身体全体で伝わるものです。

言葉に身体性を感じるようにすれば、言霊をより鮮明に感知することができます。

第4章

古の人の言葉に希望を見る

日記は内面世界を整えてくれる

私は中学生の頃、父から「ノートに自分の考えを書いておくのもいいもんだよ」と言われて、素直に日記を書き始めました。

何かについて折に触れて考えては、ノートに書く。そんな中学生の頃の日記が今でも残っていて、五十年前、自分はこのようなことを考えていたのかと懐かしく思い返すことができます。

高校生になってもその習慣を続けていた私はだんだん面白くなってきて、ノートごとに日付とともに「激闘編」とか「挫折編」などとつけるようになりました。

二十代も続けました。内容はいろいろです。その時考えたことの他に、読んだ本の記録や、日常のこと、部活でテニスに熱中していた頃はテニスについての記述が多く、武道をやっていた時にはさながら武道日記で、前蹴りをどうやるのかというようなことを事細かに記していて、すべて合わせると大変な量の記録になっています。

運動や武道は、その時の練習や結果、課題などを残すことで、自分の取り組むべきことが見えて、上達を感じられるようになります。今の自分の状態や悩みを書き出してみることで、自分を客観的に見られるようになり、意識がはっきりします。

何かを習っている方は、今日はこれを学んだとか、次はこれを意識してみようと記すことで、きっと上達を実感できるようになるでしょう。部活などでは、やったことや問題点をノートに書かせることで一人ひとりの自覚を促して、強くさせるという手法を取ることもあります。

上達にはモチベーションが必要です。モチベーションアップには、向上している実感、いわば「向上感」が大切です。

日記に「向上感」を記していくと、楽しくなります。反省より「向上感」がおすすめです。

日記にもいろいろな目的があっていいでしょう。事実をただ書くものでも、自分の内面を吐露するためのものでも、向上心を維持できるようなものでも、どんな日記にも効用があります。中でもいちばんの効果は、心が整うということなのです。

日記に見る昔の人の精神

二〇二四年、ＮＨＫで「虎に翼」という朝ドラがありました。石田ゆり子演じる主人公のお母さん、はるは、毎日きちんと日記をつけていたものです。

お父さんが贈賄の容疑で捕まるのですが、お父さんが賄賂を渡したはずの日には、調子が悪くて寝込んでいたという記録がはるの日記に残っていたため、冤罪を免れることができました。

はるは亡くなる時、この後、何をしたらいいかをすべて一冊の日記に書いておいたので読んでくださいと皆に告げます。そして、他の日記は恥ずかしいので全部燃やしてくださいと言い残すのです。そのように、毎日、少しずつでも書き記すことが日課になっていたのは、昔の人らしく立派だと思わされます。

昔は、まめに日記を書くことが当たり前のように行われていました。戦時中の旧制高校の学生の日記として有名なものに、林尹夫《ただお》さんの『わがいのち月明に燃ゆ』があります。

私は、十代の頃にそれを読んで激しく衝撃を受けました。戦時中、いつ何が起こるかわからない状況の中で、今日はドイツ語で本を読んでいる、フランス語で読んでいるという文があり、ものすごい向学心が伝わってきたのです。その姿勢に大いに刺激を受けて、私も勉強したいと強く願うようになりました。

しかも、学徒出陣によって軍隊に入ってからも毎日勉強を続けていました。最終的には戦死してしまうのですが、戻ったら研究者になりたいという思いを、最後まで持ち続けていたのです。

そんな極限状態の中で、毎日考えていたことの内容が胸に迫ってきました。やがて、魂の熱さ、向学心、勉強したいという彼の思いが、言霊となって私の中に乗り移ってくるような気がしたものです。

その人の毎日をたどることで、自分もその人の日常を追体験しているような感覚になる。それこそが、日記の威力ではないかと思うのです。

インターネット上で始める気軽な日記

今の時代、日記帳に日々の出来事や思いをしたためることも少なくなってきました。代わりに、ブログやＳＮＳに日常を記録するという方法があります。

私はTwitter、今のＸを始める時に、文章を書くからには何かしら考察や洞察を盛り込んだ方がよかろうと考えました。ところが、書き込むたびにいいことを書こうと頭をひねっていたら、だんだん億劫になってしまったのです。

そんなわけで一時はほぼ放置状態でしたが、ある時、講演で地方に行った時に「先生、Ｘを更新されていませんね」と声をかけていただき、ああ、見てくださっている人もいるのだなと嬉しくなって、その場で即座に更新したものです。

そこでハッとしました。何か気づきや洞察があった時に書こうと思ったのがそもそもの間違いでした。ＳＮＳによる発信はそんなに難しいものでなくてもいい、さっと一言つぶやくのでいいと感じたのです。

今日はこの本を読みましたくらいなら、気軽に投稿することができます。私は毎日本を読んでいるので、それが日々の読書記録にもなります。「今この本を読んでいますが、この一文が面白かったです」。以上、とくにコメントなし、くらいの気軽さでいいと思ったのです。

そこに鋭い洞察を入れようとすると、一気にハードルが上がります。鋭い洞察は本で書けばいい、Xはもっと気軽に身の回りで起こったこと、当たり前のことを書くのでいいと思うようになったのです。

SNSでの発信に潜むリスク

私は日頃、本でも表現していますし、テレビ番組や講演会、授業でも喋っているので、とくにSNSで発信したいという思いがあったわけではありません。けれども、その場ではまた違った人に読んでもらえるかもしれないという期待があったのです。

けれども、ネガティブな反応をちょっとでも目にするとやる気を失ってしまう気がしていたので、返信できない設定にしました。

その難点は、当然ですが何の反応もないのでやっている甲斐が感じられないということです。ただ投稿だけを続けていると、真っ暗な海に石を投げ続けているような虚しさがあり、一長一短でした。

人と交わりたい欲求のある人も多いと思うので一概には言えませんが、メンタルの管理、精神衛生上は、やはりあまり多くの不特定の人と関わらない方がいいとは思います。

人を傷つけることをもって自分の娯楽としている、ストレス解消としている人もいないわけではないので、SNSをする場合には、そのような人と関わるリスクがないようにしておけばいいでしょう。

大学生を見ていると、SNS疲れで苦しそうな人もいます。一時的に携帯が壊れてLINEできなくなったら、その間ものすごく精神的に楽になったという話も聞きます。

携帯電話がなかった八〇年代以前を知る人は、あの頃は携帯も何もなかったけれど、それでも何かしら楽しかったという思いがあるでしょう。待ち合わせの連絡に、駅の伝言板を使っていた時代です。

これほどに連絡が取りやすく、あらゆる人とつながることのできる社会になってどうなったかというと、なんとなく心にざわつく感じがあり、不安になる機会も増えているのではないでしょうか。八〇年代以前を知っている人にとっては、なんとなく落ち着きのなさを感じるかもしれません。

仕事などはメールがあって本当にやりやすくなりました。オンラインミーティングがあることで、天候がすぐれなくてもすぐ皆と集まることができるし、会議の出席率も良くなり、時間の節約ができます。時代はこの先もどんどん便利な方に進んでいくものなので、昔に戻ることはありません。今、この時間さえもどんどん古い時間になっていくだけです。

今の時代に何か足りないものがあるように感じるなら、あるいは現在のコミュニケーションに疲れを感じるなら、その中で自分がどう対処するか、自分にとって心地のいい言葉の使い方はどんなものかを探すべきです。

写真にコピーをつけてシンプル日記を

Instagramには、ブログやXともまたひと味違う日記のような働きがあります。「インスタ映え」を目標にして、他人にいいところを見せたいという目的の人もいるのでしょうが、ただ単に自分の記録のために残すものとして気軽に考えるのもいいと思います。

今は写真もすぐ撮ることができるので、以前とは比べ物にならない記録社会になっています。食事やスイーツを撮影して、何を食べた、どこに行ったという自分のための記録をアップするのもいいでしょう。そこに、短い文章を添えるようにすれば、コピーライター的なセンスが磨かれます。

以前、ここでパフェを食べたのは半年前だったな、この景色を見たのは一年前だったけれどあの時は誰と一緒だったかな、どんなことを話していただろう、どんなことを考えていたのだろうということも、詳細を書かなくても写真とちょっとした記述から蘇らせることができるでしょう。記録としての画像は、なかなか情報量も多いものです。

ブログやSNS、動画なども含めて、今の時代には今の時代の日記スタイルがあります。日常を記すことが「日記」なのですから、あまり形式にこだわる必要もありません。

SNSで知らない他人が絡んでくるのが好ましくなければ、そういう設定にすればいいでしょう。多少は反応もあった方がいいのなら、それなりの配慮をすればいいのです。誹謗中傷などを受けたくない時は、自分から誰かを攻撃しない、誰かを下げることをしないというのを基本にすべきです。褒める分にはほとんど問題ないので、ネガティブなことは一切書かないとルールを決めればいいのではないでしょうか。全世界発信と心得て意識して書けば、大きな問題はないでしょう。

人と意見を交換するのに、オンライン上に参加者の限られたクローズドな場を作る方法もあります。

かつてマイクロソフト日本法人の社長をされていた成毛眞さんと対談した時に伺ったのですが、クローズドな環境で書籍の感想を共有する書評グループを作って、長いこと維持されているとのことでした。

意志を同じくする人たちだけが見て、書き込みすることができるのであれば、荒れる心配もありません。読み上手な人たちが多いそうで、そんな環境でレベルの高い意見交換をする空間がネット上にあるというのはとても素敵なことだと感じたものです。

『断腸亭日乗』から滲み出る荷風の個性

日記を書き続けていると、なんとなく自分らしさが明らかになってきます。SNSでも、その人らしさが滲み出てきます。

書くこと自体、記録すること自体が、精神を整える時間になる。それが、日記の本質ではないかと思うのです。今の時代、とくに自分の内面世界を整えることが大切です。

日本文学研究者のドナルド・キーンさんは『百代《はくたい》の過客《かかく》　日記にみる日本人』（講談社学術文庫）で数多くの日記文学を読解し、日本の日記文学の豊かさ、面白さを解き明かすとともに、そこから浮かび上がる日本人像、日本らしさを明らかにしました。

日記文学としては、平安時代から江戸時代くらいまで、主に古典の範囲を指すことが多いのですが、それ以降にも文人たちが優れた日記を残しています。時代が近いぶん、今の私たちが読んで共感する部分も多いのです。

大正から昭和にかけて永井荷風が三十八歳から七十九歳までの四十一年間書き続けた日記『断腸亭日乗』は、読み物としてもとても面白く、荷風の代表作のひとつとも言われています。また、激動する時代の記録としてもとても興味深いものです。

浅草や隅田川あたりをぶらぶらしながら、今日はどこへ行った、何をした、その時何を考えたなどが細かく記されています。

その日記を読んでいると時代の雰囲気がよくわかります。身の回りに起こったことが中心とはいえ、その時代の空気感や、街の感じが伝わってくるのです。まして、永井荷風の卓越した感覚、文章力によるものですから、後世に残る素晴らしい作品になっています。

たとえば昭和十三年、「夜八時家を出で銀座に至らむとするに驟雨《しゅうう》襲《おそ》い来《き》たる」という記述があります。雨が降ってきたというだけのことで、「不二《ふじ》あいすに雨を避けて後浅草に至る」と続きます。もちろん、作家ならではの鋭い視点が光る文もあるのですが、このようにごく普通の記述もあります。それも荷風ならではの文体、リズムのよさによって、面白く読むことができます。

昭和十二年、「八月初三。晴。昨日に劣らぬ暑なり。曝書《ばくしょ》例の如し。晡下《ほか》かつて面識なき一紳士京屋版粗製の『濹東綺譚《ぼくとうきたん》』を持来り署名を請ふ。いづこより手に入れたるやと問ふに書物展望社より買取りしといふ」『濹東綺譚』にサインしてと頼まれたということです。こんな何気ないやりとりですが、これが当時の世相を残すことにもなります。

昭和二十年には、「十月廿五《にじゆうご》日。快晴。鳥声欣々《きんきん》たり。午後うさぎ屋谷口氏伊東に赴く途中なりとて来り話す。砂糖野菜煙草等を贈らる」「就寝後腹痛下痢二回」と日常的な出来事を書いた後に「街談録」として以下のように記されています。

「浅草公園六区興行町にて米国の兵卒同士にて黒人と白人との喧嘩あり。白人の兵一名ピストルにて殺されしといふ」

今の治安レベルとは全く違う浅草の風景を垣間見ることができて、リアルに感じることができるのではないでしょうか。

昭和八年のある日の日記では、荷風の結婚観が語られています。

「いろいろな理由から、わたくしは二十年来定まった妻を持たない男になっている。定《ママ》った妻を持たないという事は全然婦人に接しないという事ではない。興味と機会によっては、毎日でも女に接することを辞《じ》さないであろう。それ故わたくしの「無妻」は場合によっては「多妻」という事にもなり得る。わたくしの「独身」は畢竟《ひつきょう》わたくしが書斎に閉籠《とじこも》っている時の間だけで、一度門外に出れば、忽《たちまち》一変して多妻主義者になると申しても差問《さしつかえ》はない」

自分は結婚してないけれども、無妻なのではなく外に出れば多妻なのだと書いています。今の時代に相応しいかどうかわかりませんが、妻を持たない分、それぞれに情を細やかに接していたのではないかと察せられて、当時の雰囲気を伝えてくれるものでもあり、荷風自身の個性、考え方を伝えてくれるものでもあります。

このような日記を読むと、荷風のかなり独特の個性を感じることができる上、自分が経験していなくても、その時代の空気感を感じることができます。しかも、ただの記録とは異なり、優れた文人の書くものだからこそ、より面白くリアルに感じることができるのかもしれません。

私の知人が書いた自分史の中にも、昭和二、三十年代に働いていた事務所の様子を細かく描写した箇所があり、それを読んで、ああこういう事務所があったなと懐かしく思いました。

私が子どもの頃に住んでいた家は親の会社の事務所も兼ねていたので、当時の風景を懐かしく思い出したものです。と同時に、宮沢賢治の『猫の事務所』という作品を思い出しました。人間ではなく、猫が仕事をする事務所なのですが、時代の違いがあって、今とは違った雰囲気の描写がとても面白いのです。

当時の雰囲気、その人らしさを伝えるものとしては、日記ばかりでなく、自分史や人物史もあります。

自分にとってかつて当たり前だったものもいつしか忘れてしまいかねませんので、思い出して書くだけでも立派な自分史です。いつか時間ができたら自分の歴史をまとめようと準備するのもいいのですが、思い立った時から、印象的なシーンを少しずつ書き出してみるのもいいのではないでしょうか。

文豪の日記の中に見る『断腸亭日乗』

荷風の日記は文学者にも愛読者が多く、作家の遠藤周作さんの日記『遠藤周作全日記』を読むと、一九六〇年五月二十八日に「断腸亭日記《ママ》七巻ほぼ通読す」とあります。ついに七巻を通読したということで、楽しみに読み進めておられたのだろうと想像できます。

五月二十一日には「読書は断腸亭日記巻一を読み、巻二を再読。この日記は今まで幾度も開き、開くたびに味わいふかく、興趣枯れしこと一度もなし。他の書物読むべきもの枕頭にあれど、蓐中《じょくちゅう》（ふとんのなか）より遠ざけることを甚だ惜しいと思うほどなり」と『断腸亭日乗』の面白さについて記しています。

五月二十二日には「昨夜、首に痛みあり。そのため一日不快なり」と言いながら

「断腸亭日記の面白さは　①文章に於て学ぶべきところ多きこと　②人生の流れを感ぜしめること　③大正より、昭和の風俗を知らしめること　④荷風のほとんど童児にひとしき考えに苦笑せしめらること」と分析しています。

④には荷風の考えが子どもっぽくて苦笑する、とありますがそんなところを面白がっているのだろうと思うとなかなか興味深いものがあります。

一九五八年六月十一日にはモーリアックの『テレーズ・デスケルウ』の翻訳についいて、遠藤さんは書いています。「「テレーズは笑った」と訳している部分は「テレーズは微笑した」となおした方が良いのである」とあります。

東西の比較も興味深いものがあります。「ところで老人といえば川端康成の「山の音」の老人の描写とこのモウリヤックのそれとには、もうどうしようもない隔りがある」という引用があります。

モーリアックの描いた老人と、川端康成の『山の音』に登場する老人を思い出して比較しています。老年期の描写を読み、咄嗟《とっさ》にかつて読んだ老人像との違いをくっきり感じるという観察眼はさすがの一言です。言葉について敏感になってくると、人生の奥行きをどこまでも深く味わうことができるのだなと思わされます。

遠藤周作さんは、敬虔なカトリック教徒でもありました。一九五〇年八月十四日の日記には「今日、教会で――このような遠い村の教会で、丁度ベルナノスの小説にでてくるような教会で――何も知らぬ事、私の知識などを遥かに超えたものが、この世界に、存在する事、その一つが、この寒村の教会にでも、多くの人間が祈っている事実に存していることを感じた。この世界は、ぼくの思惟でははかられぬ程、深く深遠であると……」とあります。

信仰についての話ですが、自分の知らないことがある、自分の知識を超えたものが世界にあるという嬉しい打ちのめされ方をしたという表現です。

そして、「もっと学ばねばならぬ。知らずして信仰をもたぬこと、又、もっとも単純者にあたえられたものから信仰を失う事、ただ、信仰者をみて信仰を失う事程、大きな過ちはないと……」と続きます。

ここには、ご自身の人生に対する覚悟のようなものがはっきりと伝わってきます。教会で他の人が祈っている姿を見た時にハッとそう感じた様子がわかり、生きた時間そのものもここに描かれているように感じます。

たとえば、遠藤周作さんがこんな人生の覚悟をされたというようなことだけをまとめて読むのと、何月何日にこの教会でこう感じたと読むのでは、印象はかなり異なります。

学ばなければならない、信仰を強くしなくてはならないというのはいつも考えておられたことなのだと思いますが、それを強く思ったのがこの時であったという具体的な情景があることで、よりその考えを鮮やかに受け取ることができるのです。それが、日記のよさのひとつだと感じます。

一九六二年九月十九日には、子どもが漫画本や冒険雑誌ばかり読んでいるのはどうしたものかという意見に対して、自分の子どもにはどんどん読ませるようにしていると書いて、北杜夫さんの『船乗りクプクプの冒険』を絶賛しています。

「むすこがどこからか、この本をかりて一人でキャッキャッ笑いながら読んでいるので彼に借りたのであるが、一読腹をかかえて笑いがとまらなかった」

「これは私の家だけではなく阿川弘之氏の家でもこの『船乗りクプクプの冒険』はみ

ながが愛読したそうだった」と書いています。

これは読書日記的なものでもあり、子育て記のようなものでもあると、たいへん微笑ましく感じたものです。

一九七七年七月には、「仕事場で仕事。夜、走って渋谷に「エクソシストⅡ」を見にいく。前作よりもはるかにつまらない」とあり、とても親近感を覚えました。

まず、夜に走って行くというのが、なかなかリアルです。そして、「エクソシスト」という語に、中学生時代に「エクソシスト」を観に行った時の恐怖が蘇ってきました。主演のリンダ・ブレアの首がぐるっと回るのがあまりにも衝撃でしたが、そんな記憶が瞬時に蘇るのも日記の面白さでしょうか。

遠藤さんはエクソシスト作品の原作者と話をしたことがあるそうなのですが、「悪魔についての考えも浅い人だった。この映画のこんなものが悪魔だと言ったら、悪魔が怒るだろう。悪魔はもっと狡猾で、微妙な筈だから」と、悪魔を高く評価しているのも面白い視点です。

『武士の娘』が伝える精神性

日記はその時の出来事、考えをリアルタイムで記したものですが、過去の自分の状況を思い出しながら、やや客観的な視点で記された自伝にもその時代の貴重な精神性を描いたものがあります。

私が深く感銘を受けたもののひとつが、『武士の娘』（ちくま文庫）。維新後の明治六年、越後長岡藩の家老の家に生まれ、結婚して渡米し、コロンビア大学で教壇にも立たれていた杉本鉞子《えつこ》さんが英語で書かれた自伝です。

明治維新後ですが、当時ならではの武家の厳しい躾や教育が行われていたようです。武士の精神を伝えるものとして、一九二五年にアメリカで出版され、ベストセラーになりました。

武士の精神を世界に伝えるものとしては新渡戸稲造の『武士道』が有名ですが、『武士の娘』は幼少期の教育をリアルに伝えるものとして素晴らしく、もっと注目されていい本だと思っています。

幼い頃の様子には、こんな記述もあります。

「小学校にあがる前に、ほんの手ほどきではありましたが、歴史や文学の基礎ともなるべきものを、かなり学ばされました」

小学校に上がる前ということにまず驚かされます。

「私の祖母は大変な読書家でしたので、雪に降り込められた冬の夜長には、私達子供はうちそろって炬燵をかこみ、祖母の話に耳を傾けたものでした。我が国に伝わる神代の物語、宮本武蔵、田宮坊太郎、小栗判官、岩見重太郎など英雄豪傑のお話、八犬伝や弓張月などの小説のお話、それからまた、むかしのお芝居のお話なども、この祖母の口から聞かされたものでした」

そして、私が驚いたのは、お師匠さまとして菩提寺の僧を招き、勉強する時の記述です。

「このお師匠さまは三、七の日に宅へこられました。私は喜んでこの勉強にいそしんだものでした。お師匠さまの侵しがたい風丰、重々しい身のこなし、私自身には厳しい服従を求められていたことなどが、感受性の強い私にぴったりしていたのでしょう。

それに、周囲の様子も子供心に感銘深かったものでした。稽古日には、その部屋はとくに入念に整えられ、いつも寸分違わぬように用意されておりました。今も眼を閉じますと、部屋の様子が手にとるように眼前に浮び上ってまいります」

勉強はお稽古と呼ばれ、まず初めに学んだのは四書、つまり『大学』『中庸』『論語』『孟子』だったそうです。今の教育とは水準が違うと感じさせられます。意味のわからないことを尋ねると、先生は「よく考えていれば、自然に言葉がほぐれて意味が判ってまいります」「百読自《おのずか》ら其の意を解《かい》す」、そしてある時には「まだまだ幼いのですから、この書の深い意味を理解しようとなさるのは分を越えます」と、わずか六歳児に対して答えたというのです。

「私は何故か勉強が好きでありました。何のわけも判らない言語の中に、音楽にみるような韻律があり、易々と頁を進めてゆき、ついには、四書の大切な句をあれこれと暗誦したものでした」

意味がわからない文章でも、暗唱することによってその言葉が身に刻まれて、教養の素地になるというのは、まさに私が今、暗唱や音読をすすめる所以《ゆえん》でもあります。

武家の教育に見る優しさと厳しさ

また、ピリピリとひりつくような厳かな雰囲気が読む方にも伝わってきたのが、その勉強に対する姿勢でした。

お師匠さまは「肉体の安逸ということを一切避けておられました」のだそうで、「お稽古の二時間のあいだ、お師匠さまは手と唇を動かす外は、身動き一つなさいませんでした。私もまた、畳の上に正しく坐ったまま、微動だもゆるされなかったものでございます」という、このような姿勢を保てる人が、今どれほどいるでしょうか。

「唯一度、私が体を動かしたことがありました。丁度、お稽古の最中でした。どうしたわけでしたか、落着かなかったものですから、ほんの少し体を傾けて、曲げていた膝を一寸ゆるめたのです。すると、お師匠さまのお顔にかすかな驚きの表情が浮び、やがて静かに本を閉じ、きびしい態度ながら、やさしく「お嬢さま、そんな気持で勉強はできません。お部屋にひきとって、お考えになられた方がよいと存じます」とおっしゃいました」

六歳の子が、ただ一度、わずかに体を動かしただけでこの厳しい指導です。この言葉に、鉞子さんが激しくショックを受けた様子も細かに描かれています。

「恥しさの余り、私の小さい胸はつぶれるばかりでしたが、どうしてよろしいものやら判りませず、唯、うやうやしく床の間の孔子様の像にお辞儀をし、次いでお師匠さまにも頭をさげて、つつましくその部屋を退き」、お父さんのいるところに顔を出したところ、お父さんはいつもより早いことに驚いて優しく声をかけます。

「「おや、随分早くおすみだね」と申しましたが、きずついた私にはまるで死刑をつげる鐘の音のように響いたものでした。あの時のことを思い出しますと、今もなお打《うち》きずの痛みのように、私の心を刺すものがございます」

その日のことがどれほど時間を経ても忘れられないというのですから、勉強の仕方が尋常ではなかったのです。習字についても、こんな記述があります。

「複雑なあの運筆を辛抱強く練習致しますことによって、精神力の抑制ということが練りきたえられるものと思われていたからでございます。精妙な筆のあやには、心の糸の乱れや不注意はおおうべくもなくあらわれますので、一点、一劃《かく》にも心を落着けて正確に筆を運ばなければなりません。このように心をこめて筆を運ぶことを通して、私共、子供は心を制御することを学んだのでございます」

武士らしい精神を鍛えるのがどれほど厳しかったかということですが、お父さんは優しかったのだそうです。優しさあってこその厳しさです。厳しすぎるのではと心配するお母さんに、お父さんはこのように声をかけたそうです。

「武家の教育ということを忘れてはならないよ。獅子は幼いわが仔を千丈の谷に蹴落して獣王に育て上げるというからね。それでこそ、生涯の大事をなしとげる力が養われるんじゃないか」

まさにこの教育のおかげで海外で、この『武士の娘』という本を書いて、武士の精神を世界に伝えたのです。これほどに厳格な教育が日本で行われていたことを世界に伝えた功績ははかり知れないものがあるでしょう。

ところで、「獅子は我が子を千尋の谷から落とす」という話ですが、子どもの頃に影響を受けた『巨人の星』では、星一徹が飛雄馬に対して非常に厳しい試練を課しますが、その様子のたとえに出てきたのがこの言葉です。私は子どもも心に、ライオンというのはそのように子育てをするものだと深く信じ込んでいたのです。実際はそうでもなく、一種の伝説的な比喩であると知って私はちょっと落胆したものです。

精神を清らかに保つ仕掛けとしての「お盆」

このようなものを読むと現代の国語教育は、もの足りない感じがします。四書のような古典を暗唱することは、今の時代にあっても、精神を鍛える一助になるのではないかと私は考えているのです。もちろん、四書ばかりではありません。いろいろな名文を暗唱することを、小学校のうちから教育の一環として行うことをすすめています。

実のところ、子どもたちは暗唱が好きです。喜んで覚えようとしますし、できたことが達成感になります。「聞いて聞いて」「覚えたから言うね」と嬉しそうに報告してくれて、それが自信になります。

大切なことを自分の身に刻み、自分がすらすらと語れるようになった、大人でもできないことが自分はできると思った時、誇りが自分の中に生まれるのです。覚える言葉自体も、素晴らしい精神が形になった名文なので、その精神が身の中に入ることで人格形成にもいい影響を与えるのです。

『武士の娘』の記述では、お盆に対しての考え方もたいへん興味深いものがありました。先祖の魂が帰ってくるということを深く感じながら、儀式を行っていた様子が伝わってきます。

「お精霊さまのお姿を拝んだことはありませんが、何処とも知れぬ暗黒の死の国から、白馬に跨っていらっしゃるものと、いい伝えられております」「まちわびていた父の魂が身に迫るのを覚え、遥か彼方から、蹄の音がきこえて、白馬が近づいてくるのが判るようでございました」

お盆の間は、「家の中は心愉しい空気に満たされ、わがままな業をする者もなく、笑いさえ嬉しげでした」ということですから、皆の心が清らかに整っていた様子が感じられます。

「八月のあたたかい夕風が頬をかすめますと、私の心の中にはなごやかな思いがしのびよるのでございました」というお盆の時期の過ごし方についての文章は、精神の清らかさをよく表現しています。

実際に魂が来たかどうかが問題なのではなく、皆が信じていて、そこに心が整う場ができるというのがリアルです。それが何日間、どのように行われるかが詳《つまび》らかに書かれていて、とても貴重な記録にもなっています。

ラフカディオ・ハーンが著書『知られぬ日本の面影』で描いた、盆踊りについてのシーンも印象的でした。

「無数の白い手が、何か呪文でも紡ぎだしているかのように、掌《てのひら》を上へ下へと向けながら、輪の外側と内側に交互にしなやかに波打っているのである」

確かに、盆踊りの手の動きは初めて見る人には神秘的に映るかもしれません。このような描写に出会うと、祖先のありがたみも感じられるようになるのではないでしょうか。

激動の時代を生きた日本人の精神

「木曾路はすべて山の中である」という書き出しで有名な島崎藤村の『夜明け前』は、明治維新前後の激動の時代を描いた小説です。主人公の青山半蔵は藤村のお父さんがモデルになっていて、その生涯を軸に書かれています。

お父さんがモデルとなると、今の作家が幕末、維新の時期のことを書くのとは違い、かなり確かなことが書けるのでしょう。身近な人物を、その時代の空気感がまだ残る中で描いた人物伝として、日記や自伝のようにその当時の空気や日本人の精神の記録という見方もできるのです。

幕末明治維新の動乱の時に、自分たちのおおもとのルーツである日本人古来の心を見つめ直そうという動きが現れました。それが水戸学などとも重なり、尊皇攘夷の思想になり、やがて大政奉還へとつながってゆきます。

そのような時代の大きなうねりが描かれているのが『夜明け前』です。青山半蔵自体は、大変な一生を送るのですが、その精神の系譜、国学の潮流が見事に描き出されています。

木曾馬籠宿で代々続く庄屋の家に生まれた青山半蔵は、平田篤胤《あつたね》の門下生となり、国学に夢中になってしまいます。

「荷田春満《かだのあずままろ》をはじめ、賀茂真淵《かものまぶち》、本居宣長《もとおりのりなが》、平田篤胤、それらの諸大人が受け継ぎ受け継ぎして来た一大反抗の精神はそこから生れて来ているということであった。彼に言わせると、「物学びするともがら」の道は遠い。もしその道を追い求めて行くとしたら、彼が今待ち受けている人に、その人の信仰に、行く行く反対を見出《みいだ》すかも知れなかった」（『夜明け前』新潮文庫）

「物学びするともがら」の道は遠い。つまり、学者の道は遠く、親には反対されるであろうけれど、それでもやっていきたいと考え、学問が精神生活の中心になっていくのです。その後、地元に戻って家督を継ぐことになりますが、本来の仕事には身が入りません。

「半蔵さん、攘夷なんていうことは、君の話によく出る『漢《から》ごころ』ですよ。外国を夷狄《いてき》の国と考えて無暗《むやみ》に排斥するのは、やっぱり唐土《もろこし》から教わったことじゃありませんか」

理想を思い求めようとするも、現実はなかなか思うようには進みません。夜明けと信じていた維新も、また理想とはかけ離れたものであることを知った半蔵は、やがて精神を病んでしまいます。

半蔵の父は、庄屋の仕事をきちんとやり、半蔵にもそれを受け継がせようとしました。

「彼は親先祖から譲られた家督財産その他一切のものを天からの預り物と考えよと自分の子に誨《おし》えた」「それをみだりに我物と心得て、私用に費そうものなら、いつか「天道」に泄《も》れ聞える時が来るとも誨えた」

このような記述があるとおり、自分の財産は自分たちのものではなくて公共のものだという教えを受け継いでいたのが当時の考え方です。半蔵もそれを理解してはいましたが庄屋には向いていなかったのです。

家訓によって精神の形が残り続ける

精神のあり方というのは、言葉に頼らないとなかなか伝えにくいものです。民俗学者である宮本常一《つねいち》の著書に、『家郷《かきょう》の訓《おしえ》』（岩波文庫）があります。

常一が島を出る時に彼の父親は、これだけは守れという教えを何箇条かに分けて伝えました。何歳まではこれをやるな、あるいは何歳になったらこれは自由にしていいというように、細かな注意ごとを「ひとつ、なになに」という感じでまとめています。子どもが家を出ていく時に、そのような言葉を贈る親もいいものだなと感じたものです。

私は『最強の家訓』（祥伝社新書）という本を書いた時に、歴史上のさまざまな家訓を調べたことがあります。武士の家訓や商家の家訓など、それぞれに特徴があります。

言葉は人の一生より長く残るものですから、人は変わっても代々この言葉を受け継ぐことによって、精神の形は残り続けることになるのが、家訓の良さです。言葉の力の中でも、かなり強いものが家訓だと思うのです。

「一つなになに、一つなになに」というあの書き方自体も私はとても心に響くものだと思っています。学生が教育実習に行く際には、やるべきこと、やってはいけないことを「一つなになにすべし」「一つなになにすべからず」と読み上げてもらうことにしています。

あれこれ伝えようとしても、結局、言葉は流れゆくものなので、このような形式で大切なことをくっきり浮かび上がらせることが有効なのです。

会社にも、社訓があるでしょう。学校にも、校訓があります。私の中学校には、「真善美」「自主独立」という言葉が大きく書かれていたのを今も覚えています。

そのような言葉は不思議と人の心に残って、後々、精神の形を作るのです。

今も生き続ける賢人の言葉

エッカーマンの『ゲーテとの対話』も、何月何日にゲーテがこんなことを言ったという内容をエッカーマンが細かに記録したものです。

そのおかげでゲーテの言葉が後世に残って、ニーチェは、著書『人間的な、あまりに人間的な』の中で、これこそドイツ語で書かれた最もいい本だと書いています。『ゲーテとの対話』にはゲーテの貴重な言葉があふれています。シェイクスピアの作品をあまり多く読んではいけない、なぜならうますぎて刺激が強すぎるから。一年に二作くらいにしておいた方がいいという話も出てきます。シェイクスピアは銀のお盆に金のリンゴを載せてくる、けれども自分は「銀の皿に載せるのがジャガイモと来てるからなあ」と笑う、そんなジョークも残っています。そんな記述のおかげで、ゲーテの愉快さ、人となりが身近に感じられるようになるのです。

『ソクラテスの弁明』も、プラトンが師の言葉を細かに記したからこそ彼の思想、精神性がここまで残ることになりました。

「無知の知」つまり、無知であることを知ることが重要だというのは彼の思想の中でも有名なものです。けれども、その考えを広めようとして、彼は反感を受けることになってしまいます。

「それから私は、彼は自ら賢者だと信じているけれどもその実そうではないということとを、彼に説明しようと努めた。その結果私は彼ならびに同席者の多数から憎悪を受けることとなったのである」（『ソクラテスの弁明・クリトン』岩波文庫）

賢いと思っている相手に、本当はあなたは何も知りませんよと鋭く、細かに説明してしまうのですから、それは嫌われて当然でしょう。

「私は、少くとも自ら知らぬことを知っているとは思っていないかぎりにおいて、あの男よりも智慧の上で少しばかり優っているらしく思われる」「かくて私はこの人からも他の多くの人達からも憎悪せらるるに至ったのである」というように、正論で相手を厳しく追及してやり込め続けたわけですから、人から嫌われる人はそれだけの理由があるのです。

「あなたは賢い人みたいなので対話をしましょう」と言いながら「あれ、全然わかっていませんでしたね」「はい論破」という感じでしょうか。そんな空気が伝わってきます。

「その後私は順次にさまざまな人を歴訪した、そうして私は他の憎悪を我身に招いたことを認めて、かつ悲しみかつ憂えたのだった」とか、悲しんだり憂えたりしてるのならやめればいいのですが、「神の言葉が何物よりも尊重されなければならぬことを思った。それで私は、神託の意味を明らかにするために、進んで、識者の評あるすべての人の許《もと》に行かなければならぬと考えたのだった」と言うのです。それも、なんだか人柄が出ていて面白いと感じてしまいます。

ソクラテス以上の賢者はひとりもいないと信託を受けたために、真面目にそれを確かめようと多くの人と議論を挑んだわけですが、そのおかげで最後には死刑判決が出てしまうのです。

そして「しかしもう去るべき時が来た――私は死ぬために、諸君は生きながらえるために。もっとも我ら両者のうちのいずれがいっそう良き運命に出逢うか、それは神より外に誰も知る者がいない」という終わり方をしています。

これは、プラトンが描いたソクラテス像ですから、より劇的になっていると思いますが、歴史的な事実なのでしょう。自分の魂を良きものにしていくのがソクラテスの願いであり、魂は不滅だとソクラテスは考えていたのです。死ぬことをさほど恐れていないように見えるのはそのためです。

ソクラテスの弁明の続きに当たる『クリトン』では、脱獄をすすめるクリトンに対して、ソクラテスは全く動く気配を見せません。

「何人に対してもその不正に報復したり禍害を加えたりしてはならないのだね、たとい自分がその人からどんな害を受けたにしても」と、自分は不正されても自分は不正で返さないと言うのです。ここで脱獄すると、不正に不正で報復することになる、自分はそうはしないということです。

そして最後は、「クリトン、じゃあよろしい。では、僕達は僕がいったように行動しよう。神がそちらに導いて下さるのだから」と言って亡くなっていくドラマチックな場面で終わります。これを読んでいると、ソクラテスの人格が強く浮かび上がって胸に迫ります。

日記は世相を伝える貴重な資料

日記や自伝、人物伝などが、その人らしさはもちろん、時代の雰囲気も表すようになるのは面白いものです。

たとえば『元禄御畳奉行の日記』（中公新書）という作品があります。これは酒好き女好きであるごく普通の侍が書いた日記なのですが、江戸時代の普通の日常がわかる貴重な記録として今に伝えられています。

また、『応仁の乱　戦国時代を生んだ大乱』（中公新書）という書籍が四十万部以上のベストセラーとなり、日本にはこれほどの日本史ファンがいたのかと驚きながら私も買って読みましたが、大変面白いのです。

これも、参考資料になっているのは興福寺の二人の僧の日記ですが、彼らは後世にこのように残ることを意識して書いたわけではないはずです。けれどもそこには当時の世相などが詳らかに描かれていて、非常に貴重な資料になっているのです。

自分の感じた日常をていねいに記してくれた人がいたからこそ、今もそれが残って昔のリアルを私たちに伝えてくれます。

日記というのは、なかなか深いものです。本来、書くことが心を整える時間になるというのが日記の最大の効用だと考えていますが、もしかしたら将来、自分の書いた記述が今の世相を伝える資料として残るかもしれないなどと考えて書き続けてみるのも、愉しみのひとつかもしれません。

第5章

言葉を生きる原動力にする

私的アンソロジーのすすめ

ロシアの文豪トルストイに、『文読む月日』（ちくま文庫）という著書があります。『戦争と平和』『アンナ・カレーニナ』などの代表作を持つ彼が、最晩年に著したのが本作で、古今東西の名言を集めた一大アンソロジーです。

トルストイともなれば彼自身の言葉が尊いのですが、そんな彼が人々の心の糧になるような素晴らしい語句を編纂し、自分の著作よりも後世に残り続けるのではないかと語ったほどの自信作です。

言葉を集めたものとは言いながら、言葉の選び方、まとめ方には人となりが表れます。小説を読むのとはまた違った観点から、トルストイの精神に触れることのできる素晴らしい作品と言えるでしょう。

もちろん、それを読むことも素晴らしい言葉とのつき合い方ですが、私は皆さんにもこのようにアンソロジーを編んでみることをおすすめしたいと思っています。

日記や自伝などを書くにはまだ忙しい、ちょっと手をつけられないという時でも、これならできるのではないでしょうか。トルストイの著作のように、偉人たちの言葉や格言、名言を探す必要はありません。日常で触れた言葉、何かで見聞きした言葉でいいのです。

まず、自分の好きな言葉、好きな人の言葉、今まで気になっていた言葉を集めて並べてみるといいのではないでしょうか。自分の心に響く言葉を集めてみると、そこにはその人らしさが表れますので、それが自分自身を知ることにもなるでしょう。今の自分はこういう言葉が好きなんだ、こういうことを課題としているのだとわかるはずです。

たとえば、自分の好きな詩や俳句の一節を集めてみるのもいいでしょう。漫画やアニメ、映画の言葉から好きなセリフベスト二十を選んでみるという方法なら、おそらく子どもでも楽しくできるでしょう。

推しの曲やセリフから抜き出してみたり、あるいはその日一日、見聞きした言葉の中で覚えているものを書き留めてみる、SNSなどで誰かがつぶやいた言葉を拾ってみるなど、さまざまなやり方が考えられます。

ジャンルを決めてみるのも面白いですし、広くいろいろなところから集めるのもありです。手軽なアンソロジー作りが楽しくなってきたらテーマを決めてやってみるのもいいですし、一ヶ月にひとつ作ると決めて続ければ、自分の興味や思考の移り変わりを知ることもできるでしょう。

印象的な言葉を二十選んだとすると、その中の二つ三つは似ていたとしてもすべてが重なることはまずありません。すると、セレクトした二十の言葉から浮かび上がってくる雰囲気が個性ということになるのです。

私の中に住み着いた『あしたのジョー』

雑誌「ＰＨＰ」の巻頭の言葉に、自分が大切にしていた言葉を紹介するコーナーがあります。以前、そのお話をいただいた時に、私は自分の中に残っているものすごく多くの言葉から何を選ぼうかと考えました。

冊数でいえば一万冊くらいの本には触れてきたのだと思います。素晴らしい言葉はいくらでも思い浮かぶのですが、言葉が刻まれることで自分の行動まで変わってしまったものと考えると絞り込まれてきて、それはやはり漫画の中に多いと気づいたのです。

そうして考えた結果、私がいちばん影響を受けたと感じたのは『あしたのジョー』の「真っ白な灰になるまでやらせてくれ」という言葉でした。子どもの頃に読んで以来、「真っ白な灰になるまでやる」というのがさながらミッションのように、私の心の中に入り込んでしまったのです。

中高時代、運動部に所属していた私は、練習をしている時にいつも「いやダメだ、まだ真っ白な灰になっていない」と自分を鼓舞していました。現在、私は千冊近くの書籍を出しているのですが、それでもまだ真っ白な灰になるまでやった感じがない、どこまで行けば灰になるのだろうと考えているところです。

『あしたのジョー』は一九六〇年代から七〇年代にかけて連載されたボクシング漫画です。主人公の矢吹丈は天涯孤独の身の上で、施設を脱走して元ボクサーの丹下段平と出会って天性のセンスを認められ、ボクシングを始めることになります。その後、犯罪を犯して少年鑑別所に送られますが、出所後はプロボクサーとして死闘を繰り広げ、ついには真っ白な灰になるというストーリーです。

ジョーはいつもあまり多くを語らないキャラですが、乾物屋ののりちゃんとデートをした時に猛然と自分語りを始めます。

きっかけはのりちゃんの「さみしくないの？」という言葉でした。他の人は青春を謳歌しているのに、いつも薄暗いジムに閉じこもっていて暗すぎる、みじめで悲惨だとまで、のりちゃんはジョーに言うのです。

そんなのりちゃんにジョーは、自分は普通の人が味わえないような充実感を味わっている、一瞬にせよ、真っ赤に燃え上がり、そして後には真っ白な灰だけが残る、そんな充実感を味わえるんだという話をするのです。

このシーン、ジョーはボクシングの魅力を一生懸命、ていねいに説明するのですが、のりちゃんはというと、なんとなくわかる気もするけれど私はついていけないと言って終わります。「え、ここまで言わせてそれ？」と私は驚いたものです。

最後の試合の後、ジョーは真っ白な灰になったと言って、文字どおり燃え尽きるのですが、その試合中、ジョーの体調を気遣って止めようとする人々に、ジョーは「真っ白な灰になるまでやらせてくれ」と言い放ちました。この時のこの言葉が、私の心に深く刻み込まれてしまったのです。

働き始めた私は、毎日を「真っ白な灰になるまでやらせてくれ」という思いで仕事をし続けていました。すると、大学で講義を持ち、テレビにも出演し、講演会をして、年間五十冊以上の本を出すという生活を当たり前に続けていた四十五歳の時に、とうとう働きすぎで倒れてしまったのです。その時は、真っ白な灰になる前に倒れてしまうのかとつくづく残念に思ったものです。

人間という存在に言葉が刻み込まれて、それが生きる原動力になるというのを、私は自分自身の身をもって実感しています。人格と言われるものも、実は何かの言葉によってできているものなのかもしれない、とさえ思います。

偶然の出会いに恵まれる「パラ読み」のすすめ

読書をしていると、セレンディピティ、つまり偶然の出会いのように自分に響く言葉、文章に出会うことがあります。おそらくサーチライトを照らすように、いつも何か自分のためになるものを探している状態だと、興味を惹くものが見つかりやすいのでしょう。

今の芸能人はよくわからない、テレビで見かけたタレントさんもすぐ忘れてしまうと思っている方もいるでしょう。けれども、何かを見て「この人いいな」と印象に残り、名前を覚えると、その後、「あれ、こんなところにも出ている」「ここでも話題なんだ」と、急にいろいろなところで気づくようになるのではないでしょうか。

同じように、ある言葉やテーマが気になるとそれを脳が記憶して、該当するワードが視界に入った時にオートで検索機能が働いて、脳がコレと教えてくれるのでしょう。ていねいに読んでいるわけでもないのに、パッとページを開いた瞬間に目に飛び込んでくるような不思議な感覚です。脳の検索機能が瞬時に働くのでしょう。

考えていることが多い人は、検索ワードが多く、いろいろなところでそんな出会いをするかもしれません。セレンディピティに恵まれるためには、脳内に多くの検索ワードをストックしていくといいでしょう。このような脳内検索機能が働くと、言葉との出会いはより濃密になります。

じっくり読むわけではなく、パラパラと気軽にページをめくりながら読む「パラ読み」、私はとてもいいものだと思っています。パラパラ読んでいるうちに、何かしら自分の関心事に引っかかったら、その場でパタッと止まってじっくり読む。いわば「パラパタ読書」です。

このようなやり方なら、買った本を読みきれなかったということもなくなるでしょう。私自身、小説はじっくりていねいに読みますが、資料を読む時、何かいい言葉や文章に出会いたい時は、もっぱらこの方法です。

旅行に出かけたとしても、すべての街を細かく見て回ることはできません。およそこのへんにしようとあたりをつけて行ってみて、その街がよさそうだとなったら詳しく見てみよう、名物を味わってみようとなる、そんな感覚に近いと思います。

知らない街を歩く時は、最初に行った案内所付近が素晴らしいとは限らないので、行きたいところをあちらこちら探してみることでしょう。けれども、本だと最初の方で力みすぎてしまって、なかなか自分の興味深いところまでたどり着けないことがあります。その力みはいいものではないと思っているので、まず、パラパラめくって自分にとっての幸運を探してみるといいのではないかと思います。

『吾妻鏡』で鎌倉時代にクイックアクセス

もちろん、その人なりの読書法があります。『一気読み世界史』（日経BP）などの著書があるライフネット生命保険の創業者、出口治明さんと対談させていただいた時に伺ったのですが、空き時間のほとんどを読書に費やすそうです。若い頃から読書が大好きで、すべてしっかり読み切るということを続けていらっしゃると聞いて、その上で多くの本を読まれているのは素晴らしいと感じました。

私の場合はいろいろなタイプの読書の方法を合わせたハイブリッド読書法とでも言

いましょうか。資料で読む書籍は、一冊二十分くらいでパラ読みすることが多いのです。

先日、歴史を勉強し直す必要があって鎌倉時代の歴史書『吾妻鏡』を読み直してみることになりました。けれども、すべてを原文で読むとあまりにも分量が多いのでどうしようかと思いながら、町の書店に入ってみました。

すると、主要な項目を抜粋した『吾妻鏡　ビギナーズ・クラシックス』(角川ソフィア文庫)という本に出会うことができました。文庫とはいえ七百八十四ページにも及ぶ分厚い本なのですが、主要場面の原文と解説を読むことのできる便利な本でした。

早速、カフェに入ってその本をパラ読みすると、あ、このエピソードは知ってる、ここは興味深いなどと、いろいろな項目が目に飛び込んでくるのです。そこでパタッと止まって、じっくり読むということを繰り返しました。

たとえば承久の乱の時、北条政子が「頼朝公のご恩は山よりも高く海よりも深い」と演説したのは有名なエピソードです。この演説が御家人たちの心をひとつにしたと言われていますが、解説を読むと面白い発見がありました。

当時は、身分の高い人、とくに女性が公に顔を見せることはありません。おそらく御簾《みす》の内側にいて、誰かが代読したのであろうというのです。なるほど、ドラマなどで政子がこの演説をする場面が出てくるのですっかりそのイメージがあったのですが、確かにそのとおりだなと思ったわけです。

なかなか『吾妻鏡』に縁を持つことは少ないかもしれませんが、これを読んでもしちょっとでも興味を持っていただければ、そんなきっかけでまずパラ読みをしてみるのもいいのではないでしょうか。鎌倉時代の話であれば、ちょっとは知っている部分があったり、ドラマなどで見聞きしたエピソードがあったりと、親近感も湧きやすいのではないかと思います。あるいは、鎌倉に行ったことをきっかけにするのもいいかもしれません。

ワードセレクト機能が興味を広げる

このように何かふと興味をそそることがあったら、ふらっと書店に立ち寄って本を買い、カフェに入って三、四十分パラパラとめくって読書の時間を楽しむと、全体を見渡した上で興味のある部分を拾ってじっくり読むことができるでしょう。

三十分間『吾妻鏡』をパラ読みしたら、結構、『吾妻鏡』の世界に馴染むことができるものです。最初の三十ページに三十分かけると、最後まで行かずに終わってしまうかもしれません。人生は限られているので、よほどの歴史好きでもない限り、いきなり『吾妻鏡』に何ヶ月もかけようとはならないのです。

目次を見て「あ、この事件を知ってる」というように、脳内センサーを働かせてセレクト読みをし、そこで何かしら印象的な部分を自分のものにすると、誰か人と話す時に話題が深まるということにもなるのです。

その時私が勉強したいと思っていたのは、日本の歴史の分岐点となるところについてでした。そこでわかったのは、藤原不比等が摂関政治のおおもとを作ったのではないかということです。

日本の政治における天皇の在り方を確立したのが藤原不比等かもしれないということですが、彼は藤原鎌足の息子ですから、『吾妻鏡』とは年代的にかなりの隔たりがあります。それなのに『吾妻鏡』に藤原不人と名前があり、解説でそれが藤原不比等のことだとわかりました。

「御成敗式目」は「養老律令」に比すべき素晴らしいものだという記述なのですが、そこから御成敗式目と養老律令とがつながり、当時の人に不比等の律令に対してのリスペクトがあったのだとわかるのです。

このように、潜在的な検索ワードを多く持って、ワードセレクト機能を働かせながら読書をすると、幸福な出会いに恵まれるようになるのです。本だけではなく、いろいろなところでそんな言葉との出会いが広がるでしょう。

こんな出会いは、まさに人生のご褒美ではないでしょうか。ああこの言葉に出会えてよかったという実感は、心を豊かにしてくれます。

本を読むなら千手観音やフック船長のように

いわゆる速読とはちょっと違うのですが、私は昔から、本を渡されてその場ですぐ読みながら語ることが得意でした。その場で本のページをめくりながら、言葉との出会いを見つけて、その場でそれについて語るのです。

始めたのは学生の頃です。友人のレポートを手伝うことになり、資料を借りてパラ読みしながら、その場でレポートに書く内容を語り出すという具合です。

これは、自分の中の検索機能を常時働かせ続けているような状態で、自分の脳内にあるフックのようなものが資料の必要な箇所に引っかかると、その部分を取り入れながら文章を作って語る、それと同時にまた次の箇所を探すという具合でした。じっくり調べて書くのではなく、パラ見で大事なところを拾ってそれについて語るやり方でしたが、友人たちにはとても感謝されたものです。

このように、インプットとアウトプットを同時に行う訓練のようなものをなぜか十代の頃からやっていて、ごく当たり前のことだと思っていました。自分の本を出すようになってから、編集者が用意した二十冊くらいの資料本を、初見でパラパラと読みながらその場で解説するということをしていたら「衝撃を受けました」と言われ、これはあまりよくあることではないのかなと知ったものです。

読むことと喋ることを同時並行してできるのは特殊技能といえば特殊技能なのかもしれませんが、それができる理由は、キーワードを浮き上がらせるような読み方ができるからです。

パッと本を開いてその見開きを見て、意識に引っかかるワードがあればそこで止まる、なければ次のページをめくり、引っかかったところでパタッと止まって、自分の中の知識や経験とリンクさせて語るのです。

言葉を引っかけることのできるフックをいくつも持っていればできるということですから、まるで千手観音の手の先にフック船長のフックがついているようなイメージでしょうか。千本のフックがあれば、どんな本でも必ず引っかかる言葉があるはずです。

本を読む時にはそのように、言葉に引っかかるフックのようなものを持つことを心がけてみるのもいいでしょう。

時間を区切るのもいいと思います。たとえば、カフェに入って三十分とか一時間でとことん一冊の本を味わい尽くすと決めて本のページをめくるのです。時間を区切ると、集中力が生まれます。

私は、明日までに十冊の本を読まなくてはならないという機会もありますので、限られた時間の中で本を効率的に読むということに慣れているのだと思います。そんなミッションはなくとも、自分で時間を区切って集中的に読書を行えば、あまりまとまった時間を作れない時でも楽しむことができるでしょう。

小説はパラ読みとは相性がよくないのですが、じっくり読んで三十分もあればそのワールドに馴染むところまではいけるのではないかと思います。そうすればあとは少しずつその世界で遊ぶ感覚で、時間のある時に自然と読み進めることができるものです。

本とカフェの相性はとてもいいので、本を買ったらその喜び醒めやらぬうちにカフェに入って、少しの時間でも本の世界に没入するというのも、言葉とのいいつき合い方ではないでしょうか。

町の書店を応援しよう

最近ますます書店が減ってきてしまっているのを、とても寂しく思っています。ぜひ皆さんも街の書店を応援する気持ちで、気軽に立ち寄って、実際に手に取って、気になる一冊を買うのを習慣にしてみませんか。

自分の好きな店があれば、できるだけ通って店が存続できるように貢献したいと思うものでしょう。ラーメン店でも、カフェでもそうだと思います。ある意味、ささやかな投資のようなものかもしれません。そういう気持ちで、素敵な町の書店を見つけたら、一冊何か買ってカフェに入るみたいなことを楽しみのひとつとして、あるいは文化的な貢献だと思ってやっていただきたいと思うのです。

これからの子どもにとって、書店のない街で育つより、素敵な書店のある街の方がいいとは思いませんか。私が中高時代を過ごした静岡市でも、書店があちらこちらにあったので、学校の帰りは書店に立ち寄りながら帰ったものです。二、三軒見て回っては気に入った一冊を買って帰るということをよくしていたので、そのような経験ができなくなるのはとても寂しい気がします。

本というのは、ひとつの宝島のようなものであって、そこには大量の知性という宝物が詰まっているのです。書店にはその宝島が大量にありますから、その場が内蔵している知性、教養の量は莫大です。

書店でトイレに行きたくなる理由

哲学者の土屋賢二さんが『ツチヤの貧格』（文春文庫）という本の中で、「書店に行くとなぜトイレに行きたくなるか」というとても面白いエッセイを書かれています。ちなみに、その本の解説を書いているのは他ならぬ私です。

本屋さんに行くとトイレに行きたくなるというのは、不思議なことに昔から誰もが言っていることで、インクの匂いのせいではないかなどいろいろな説があるのですが、土屋さんの解釈は独特です。

そこには著者の怨念、霊がたくさんあるからだというのです。

自分の本を手に取ってほしいけれど、そうそう目を向けてはもらえない。著書を買ってほしいけれどほとんどの本は手に取ってもらうことすらない、たとえ手に取ってもらえてもなかなか買うところまでいかない。あまりにも確率が低いので、そこにある膨大な著者の怨念みたいなものに襲われてトイレに行きたくなるというのです。

もちろん私は霊的なものを信じない方ですが、その解釈には笑ってしまいました。そういう怨念のようなものがあってもおかしくないという気がするのです。

著者が一冊の本を出すまでの念の強さはすごいものです。子どもの頃からコツコツと勉強をしてきて、時間をかけて書いて、膨大なエネルギーと集中力をかけて、ようやく一冊の本になるわけです。けれども、書店にはそんなエネルギーに満ち満ちた本がずらりと並んでいて、なかなか手に取ってさえもらえません。

そう考えてみると、確かに書店というのは、ものすごく貴重なエネルギーが集まっている場所です。そこに怨念があるのなら、それは浮遊霊みたいなものですから、なんとか成仏させてあげなければならないと思うわけです。そのためには、本を買うしかありません。本を購入することで、そこに宿っていた怨念は見事成仏することになります。

本を購入すると、私は三色ボールペンで線を引いたり、キーワードを囲ったりします。私は高校生の頃から、購入した本に線を引いたり書き込みをしたりすることで、内容が自分のものになるように感じていたのです。

そして、その本の内容を人に語って伝えると、いよいよこの本の怨念を成仏させてあげたなという気がします。

そこで思い出したのが、前にも触れた世阿弥の夢幻能です。これは世阿弥が発明した演劇の形式で、名所旧跡で成仏できないでいる霊を、話を聞いてあげることで成仏させてめでたしめでたしという仕掛けになっていて、その仕組みの中にいろいろな物語が入ってきます。読まれることで本が成仏するという発想は、それにも似て面白いものだと感じるのです。

名言センサーを磨こう

小学生の時は皆さんも多くの本を読んだことと思いますが、私もその頃に読んだ本の記憶は今も強く残っています。

北杜夫さんの『船乗りクプクプの冒険』や、星新一さんの『きまぐれロボット』を読んだ時など、本当にワクワクしたものです。星新一さんのショートショートは和田誠さんのイラストも印象的でした。好きな一冊を枕元に置いて、眠る前に少しずつ読み進めるのが楽しみだったものです。

家にあったシェイクスピアやトルストイなどの作品も、世界文学全集も小学生なりに読んでいました。内容的にはやや難解かもしれませんが、小学生のうちにそのようなものを読んでおくと、その後、ああこれは過去に読んだとか、この著者のこの作品はあの時に読んだなと思えるので、その後も他の本を引き寄せやすくなるのです。

本を読む時のフックの話でいえば、一冊の本からは三本も五本もフックが出ていると考えられます。その本を読んでいるおかげで、他の本への興味が広がるのです。

小さい頃にちょっとでもシェイクスピアの作品に親しんでいると、他のシェイクスピアの作品にも手を伸ばしやすくなります。シェイクスピアを一冊読んだら、他の作品も読んでみようとなる。そして、同じ時代のものも読んでみよう、他のイギリスの名作も読んでみよう、といろいろな本に出会うことができます。ちょっとしたきっかけで、どんどん本への興味は広がるのです。

名言をサーチする範囲と、感知するセンサーを用意しておけば、今の世の中いい言葉にいくらでも出会えるのではないでしょうか。センサーを磨く作業の第一歩は、自分の中にそのセンサーがあると自覚することです。どの言葉が自分のためになるのかを選ぶ作業です。

たとえばある偉人が残した多くの言葉の中からひとつ選ぶとして、今、最も心に染みるのはどれだろうかとじっくり考えてみることで、センサーは磨かれます。

言葉は人によって受け取り方が違います。なぜかといえば、国語の問題とは異なり、経験値によって選び方が異なるからです。自分の経験にリンクしてハッとするような言葉をいい言葉と感じるので、失恋したばかりの人には失恋センサーのようなものがよく働くでしょう。今まで知っていた曲を聴いても、改めて、「こんなにもいい歌詞だったのか」と感じることがあるかもしれません。

私の知り合いで二十五歳を超えるまで恋愛をしたことがなかった人がいます。二十五歳を過ぎて恋愛をした時に、それまで世の中の歌が何を歌っているのかわからなかったけれど、やっと歌詞の意味がわかるようになったと言っていました。経験があってこそ、その歌詞が心に染みる言葉になるのです。

演歌には、ひとりで酒を飲む情景がよく出てきます。美空ひばりさんの「悲しい酒」など、ひとりで悲しく酒を飲んだ経験のない人にはわからない世界だろうと思わせます。このように共感センサーを働かせると、人の経験や言葉を聞いて「自分もそう思う」という普遍性が生まれてくるのです。

腹に落ちる、腑に落ちるという言葉はよく使われています。高校生の時、物理担当で長野県出身の窪田先生は、授業中によく「落ちたか⁉」と私たちに声をかけてくれました。信州では、よくそのような表現をするのだそうです。

ただ頭で理解するのではなく、腹に落ちる感覚を大事にしてほしいということだったのでしょう。私はそんな先生の言葉が好きで、物理の勉強を頑張ったものです。

星の王子さまが道を照らしてくれるように

『サン＝テグジュペリ　星の言葉』（だいわ文庫）という本を出したことがあります。サン＝テグジュペリの素晴らしい言葉を集めて、こんな時には彼のこんな言葉に親しもうという内容です。

たとえば「友だちなんていらないと思ったら」というテーマでは、「本当の贅沢《ぜいたく》というものは、たったひとつしかない。それは人間関係に恵まれることだ」というように、サン＝テグジュペリの文章が答えを与えてくれるようになっています。ていねいにフランス語の原文も添えています。

サン＝テグジュペリの言葉に素晴らしいものはたくさんあるのですが、ただ名文を集めるだけではなく、テーマに沿って選ぶ形式にしてみました。この方法はとても読みやすく、またためになるものだと自負しています。

「君がそのバラのために使った時間が、君のバラをそんなにも大切なものにしているんだ」という星の王子さまの文章には「自分ばかり尽《つ》くしている気がしたら」というテーマを添えました。

「何が正しいのかわからない日も」というテーマには「自分の思考の正確さを育てられるのは、たゆまぬ訓練によってだけだ。それが人間のもっとも貴重なものだ」という文章を選びました。このようなスタイルは、皆さんにも応用が利くものだと思います。学生にも、自分にとっての名言を見つけた上で、「〇〇の時に」というテーマをつけるという課題を出すことがあります。

私的アンソロジーを作成する際にも、このようなテーマを添えてみるといいのではないでしょうか。

フェイク名言にご用心

どこかで出会ったあの言葉、気になる言葉があったけれど詳しく思い出せないという時は、今、ネットでも調べることができます。

ただし、その中にはかなりのフェイクも混じっています。

たとえば「世の中で一番楽しく立派なことは、一生を貫く仕事を持つことである」をはじめとする七つの言葉からなる「福沢心訓」は福沢諭吉の言葉とされてきましたが、実際には作者不詳とのことでした。

ネットで調べるとフェイクの言葉も出てきますが、フェイクであることもネットでわかる時代です。調べる際に検索が一回や二回だとリスクがありますが、五回、十回と調べるうちに、フェイクだということもわかるようになります。

私はNHKEテレの番組「にほんごであそぼ」で、二十年以上にわたって正しい文章をチェックする作業を繰り返してきました。総合指導という立場で文章を提案して、それが正しいかどうか、表記が適切かどうかなどのチェックもしていたのです。

もちろん大きな企画にも関わるのですが、裏方的にこの文言でいいのかという最終的なチェックも私が行っていました。なんとも地道な作業です。

その時に、紹介する文章がフェイクだと非常に困ったことになります。何しろ、N

ＨＫのＥテレである上に幼児番組です。絶対に間違いのないものを紹介するために、二十年以上苦労を続けてきたのです。すべての文章を自分でチェックするという、最後の砦みたいな役割です。手間もかかれば、膨大な時間もかかります。その労力に対して、世間からの評価はとくにないという地道な仕事でした。

校閲さんに頼もうとしても、古今東西のすべての名言に対して詳しい方はなかなかいません。結局、自分でやるのがいいのではないかということになるのです。

それも、原文に戻ってチェックしなくてはいけないので、研究書を読むことになります。場合によっては、江戸時代に書かれた解説書がいちばんの手がかりということもあり、江戸時代の本を読むこともありました。それはそれで面白くてためになるのですが、そのようにしてこれ以上はもうたどり着けないだろうなという深さでチェックをしているのです。

しかも、訳文には著作権があるため、英語もフランス語もドイツ語も、私が自分で訳すことも多々ありました。あまりにも難しく、地味で細かな作業でありながら、誰にも評価されないばかりか、できて当然と思われていて、それなのにちょっとでも間違いがあるとクレームが集まりかねません。

古文などはいくつか表記がある場合も多く、たとえば『徒然草』の冒頭「徒然なるままに日暮らし硯に向かひて」とありますが「ひくらし」なのか「ひぐらし」なのか、どちらかを選んで決めなくてはならないのです。絶対の正解はなくても、その中でできるだけ正統なものを選びたい。その判断の連続です。

クレームは結構寄せられます。その人がたまたま覚えたものと違っていると、それは間違いだと思ってしまう人もいるのです。自分が覚えたものとは違う正解も存在するということに思い至らない方に対しての返答、対応までしなくてはならないという、今思い返しても気が遠くなるような作業でした。

インターネット上に広がる新しい言葉の世界

名言などにフェイクが多いのは確かですが、だからといってインターネットを信用しないという立場にはなりません。むしろ、インターネットを駆使した方が、フェイクのリスクをできるだけ低くすることができるのです。

何度も繰り返し検索すると、どこかにものすごく詳しい人が見つかって、その人の見解を知ることができます。これは誰々の言葉と言われているけれども、実は違うとか、おおもとはここにあるという話が出てくるのです。

偉人の名言、とくに昔の人の言葉について裏をとるのは気が遠くなるような作業ですが、まずネット上で調べることでとても精度が上がりました。こんなにも頑張って調べてくれた人がいるんだなと感謝の念が湧き上がるのです。

最近、『ドラえもん』の中の百名言を選んで偉人の百名言とセットにして解説するという仕事をしたことがあります。

そのためには『ドラえもん』を全巻読み直す必要があるので、全四十五巻を一気に読み返しましたが、なかなか読み応えがあるものです。

言うまでもなく『ドラえもん』は素晴らしい作品です。一話一話が短いのに、その中にひとつ必ず発明品を入れてくるというのが、作者の藤子・F・不二雄さんによる奇跡的な偉業だと思うのです。

全巻読んで、いい言葉を選ぶところまでは、時間さえあればできることです。けれども、その本の難しい点は、『ドラえもん』の名言と重なるような世界中の偉人の名言も一緒に解説するところにありました。

世界中の偉人を百人選んでその名言を探す、それも一人一言限定です。内容も似すぎないようにしなくてはならないために、非常に苦労しました。

そして、さらに世界の偉人の名言が実はその人の名言ではなく、フェイクだということが多いのもわかりました。

それですっかりフェイク名言に対して敏感になってしまいました。

名言が確かに本人のものかどうか、それを確かめるにしてもいきなり国会図書館を頼るのではなく、まずネットを駆使して、大体のところを知ることができるのです。

人智を結集して取り組むことができるのが、ネット社会のメリットです。ネット以前の世界とは異なるレベルで、新しい言葉の世界をまた構築しようとしているのだと実感したものです。

コメント収集のとりこになった話

私はYahoo!ニュースのコメント欄が面白くて一日に何百も読んでいるのですが、それについてどこかで語ったことがきっかけで、Yahoo!ニュースのオウンドメディア、news HACKから取材を受けました。

Yahoo!のコメント欄の意義について語っていただきたいということで、ニュースについてコメントするのではなく、コメント欄のコメントについてコメントするという面白い内容でした。

コメント欄を見ていてつくづく感じるのは、世の中これほどに詳しい人がいるのだということです。自分が知らなかった事実もありますし、珍しい経験をしている人もいます。そして、多くのコメントを読めば世の中の大勢はこの方向に動いているのだとわかります。

一種の民主主義の場にもなっていて、ヤフコメ民と呼ばれるように昔の一種のオタク的な言論の場ではもはやなくなって、むしろ大勢が参加する公共的な言論空間になっている気がします。

そこに的外れなコメントがあれば「うーん」のリアクションがつきます。ほとんどは真っ当な意見で、世の中真っ当な人が多いものだと安心します。

ＡＩの導入ゆえかもしれませんが、誹謗中傷の率も減ってきていて、専門家も署名入りで書いています。「共感した」「なるほど」「うーん」というリアクションも含めて、ひとつのなかなか質の高い言論空間が成立しているのです。

言葉で表現するのが上手な方がとても多い。

センスのあるコメントを見て、思わず爆笑してしまうことも多々あります。気に入ったコメントがあればスクショしてとっておくこともありますし、自分の中に取り込むこともあります。そうやって、いい言葉をたくさん収集することは私の愉しみです。

言葉のあたたかさは人を救う

ある時、漱石が小学生から「『こころ』を読みました」という手紙をもらったそうで、親切な漱石はわざわざ返信を送ったのだそうです。そこには「あれは子供が読むようなものではありませんから今読むのはおやめなさい」と書いてあったのだとか。漱石の人となりがわかるようなエピソードです。

漱石の書簡集というのがまた素晴らしいもので、中でも、久米正雄や芥川龍之介に「牛のようにずんずん前に押していきなさい」と残した言葉は印象的です。馬ではなく、牛でいきなさい、だそうです。「何を押すのか」と聞かれたら「人間を押しなさい」、一歩一歩しっかりと押しなさいというのです。

花火のようなものじゃダメですよとも書きました。それを見るとお弟子さんたちに対する想いは強く、情熱の量が尋常じゃないなと感じることができます。手紙には、その人の魂が感じられるのです。

漱石はまた、お弟子さんたちに対して真摯で、『鼻』を発表したばかりの芥川龍之介に対しては、「敬服しました。ああいうものをこれから二三十並べて御覧なさい。文壇で類のない作家になれます」と励ましました。そんな手紙をもらったら、ものすごく勇気づけられることでしょう。

漱石の言葉にはそういう人を生かす言霊力があります。エッセイ『硝子戸の中』に、漱石のもとに自らの死を考えたある女性が訪ねてくる話があります。話を聞いて、彼女を送る道すがら、先生に送っていただくのは光栄だという彼女に「本当に光栄と思いますか」と問います。はい、と答えると、漱石は一言「そんなら死なずに生きていらっしゃい」

短い言葉ですが、優しく深く印象的で、心に染みる名言として今も多くの人に力を与えています。

いい言葉は、この世界中にあふれています。どうか脳内に検索ワードを置いて、検索機能を働かせ、千手観音の腕の先にフック船長のフックをつけたイメージで、センサーを働かせて、その時の自分に刺さる言葉を見つけてみてください。

そして、まず、簡単な私的名言アンソロジーを作ってみませんか。

それは、自分と言葉との出会い日記のような素晴らしい記録にもなると思います。

後に読み返してみると、その時の自分の精神性を表していたり、進みたい方向を示していたりするかもしれません。そして、過去に自分が選んだ言葉から、また、ひらめきを得たり、癒されたり、励まされたりするかもしれません。

皆さんがいろいろな形で、素晴らしい言葉との幸福な出会いに恵まれることを私は心から望んでいます。

あとがき

「言霊」は古い時代の言葉にばかりあるわけではありません。

現代には現代の「言霊」があります。

時代の流れとともに、言葉をめぐる状況はどんどん変わりつつあります。

インターネットやスマホに向き合う時間が増えて、読書や手紙などの時間は少なくなりました。

今の時代に対して悲観的な人もいらっしゃるかもしれません。スマホがない時代の方がよかったと考えることもあるかもしれません。時代の流れとともに「昔の方がよかった」と思えることもあるでしょう。けれども、深く考えてみればそうでもないはずです。過去を振り返ると、いいことばかりを覚えていて、いいことばかりを思い出しがちなのです。

ニュースのコメント欄などを見ていると、気の利いた言葉がリアルタイムでどんどん生まれています。時代の空気が変わって、言葉を伝える形式が変わっても、いい言葉のセンスや感動は共有できます。

もちろん、インターネット上には玉石混淆《こんこう》、質のいいものからそうでないものまで、言葉があふれています。その中で、自分の魂にハッと響く、新しい言葉に共感できると、今の世界に対して肯定的な気持ちになれるでしょう。自分なりの信頼空間を、今のこの世界に持つことは大事だと思います。

今の世界に対する信頼感と、先人に対するリスペクト、そして自己肯定感。言葉に触れることで、それらが醸成されるのではないかと思います。媒体を問わずあらゆる言葉に親しむと、人格にも深みが生まれます。

『論語』しか読みませんという人はまさかいないと思いますが、新しいものは苦手、知らないものには興味がないなどと言わず、漫画でもアニメでもYouTubeでもいろいろな手段を通じて、現代の言葉、生きている言葉のセンスを吸収していただきたいと思うのです。

私は「出会いの時を祝祭に」という言葉をよく使うことがありますが、言葉と出会う瞬間も、新しい世界が開けるような祝祭的な時間になると信じています。
これからも古今東西いろいろな言葉に出会い、「言霊」を愉しむことで、皆さんの人生が真に豊かなものになることを願ってやみません。

二〇二四年十二月

齋藤 孝

河出新書 081

言葉《ことば》を愉《たの》しむ
人生の深みが増す言霊の力

二〇二五年二月一八日　初版印刷
二〇二五年二月二八日　初版発行

著者　齋《さい》藤《とう》孝《たかし》
発行者　小野寺優
発行所　株式会社河出書房新社
〒一六二−八五四四　東京都新宿区東五軒町二−一三
電話　〇三−三四〇四−一二〇一［営業］／〇三−三四〇四−八六一一［編集］
https://www.kawade.co.jp/
マーク　tupera tupera
装幀　木庭貴信（オクターヴ）
印刷・製本　中央精版印刷株式会社

Printed in Japan　ISBN978-4-309-63184-4
落丁本・乱丁本はお取り替えいたします。
本書のコピー、スキャン、デジタル化等の無断複製は著作権法上での例外を除き禁じられています。本書を代行業者等の第三者に依頼してスキャンやデジタル化することは、いかなる場合も著作権法違反となります。

ゆるく生きれば楽になる
60歳からのテキトー生活
和田秀樹
「手抜き」「いい加減」でちょうどいい！　超高齢社会の今、心が軽くなる生き方を身につけて、明るく楽しい人生後半戦のスタート。
071

60歳からの「手抜き」の極意
和田秀樹
我慢しない、頑張らない、嫌なことはしない！　食事の仕方、運動の仕方、心と体の癒し方……。老後の不安を期待に変える第二の人生の考え方。
079

不機嫌のトリセツ
黒川伊保子
コロナ禍でギスギス、家族間のイライラ、職場でモヤモヤ……。史上最悪の不機嫌の時代、到来！　著者集大成の「不機嫌退散レシピ」！
028

恋のトリセツ
黒川伊保子
ベストセラー「トリセツ」シリーズ最新刊！　男女の脳の違いを研究してきた著者が、大人の恋に正面から向き合う。恋の楽しみ方、満載！
051

やわらかい知性
坂東眞理子
やわらかい知性とは自分の経験や知識に固執せず、他者の価値観を受入れる心の在り方。今という時代をおおらかに生きる、極上の流儀！
042

河出新書